农村社会事业研究
2020

农业农村部农村社会事业促进司

中国农业出版社

北 京

图书在版编目（CIP）数据

农村社会事业研究 . 2020 / 农业农村部农村社会事业促进司编 . —北京：中国农业出版社，2021.5
ISBN 978-7-109-28471-5

Ⅰ.①农…　Ⅱ.①农…　Ⅲ.①农村—社会事业—研究报告—中国—2020　Ⅳ.①C916

中国版本图书馆 CIP 数据核字（2021）第 132349 号

农村社会事业研究 2020
NONGCUN SHEHUI SHIYE YANJIU 2020

中国农业出版社出版
地址：北京市朝阳区麦子店街 18 号楼
邮编：100125
责任编辑：赵　刚
版式设计：杜　然　责任校对：吴丽婷
印刷：北京中兴印刷有限公司
版次：2021 年 5 月第 1 版
印次：2021 年 5 月北京第 1 次印刷
发行：新华书店北京发行所
开本：700mm×1000mm　1/16
印张：14
字数：230 千字
定价：68.00 元

前　　言

农村社会事业是党的三农工作的重要组成部分，是乡村振兴的重要内容。2020年中央1号文件明确提出，对标全面建成小康社会加快补上农村基础设施和公共服务短板。为深入贯彻落实中央1号文件精神，不断加强农村社会事业政策研究能力建设，更好服务科学决策，推动加快补上农村社会事业短板，农业农村部农村社会事业促进司2020年围绕农村社会事业发展热点难点问题，采取公开遴选和定向委托相结合方式，组织开展了一批课题研究，内容涉及农村公共服务供给、农村人居环境整治、农村基础设施建设、乡村优秀传统文化传承等多个方面。各课题承担单位高度重视，在深入调查研究基础上形成了一批质量较高的研究成果，提出了许多有针对性、可操作的政策建议，为促进农村社会事业发展发挥了积极作用。为进一步扩大这些研究成果的影响，促进研讨交流，我们选择了10篇优秀课题成果汇编成册，供大家参考。

由于水平所限，文中难免疏漏和不足之处，恳请读者批评指正。

编　者

2021年5月

目　　录

前言

农村现代化目标下农村基本公共服务短板问题研究[*]

"十四五"时期是我国开启全面建设社会主义现代化国家新征程的起步期，也是实施乡村振兴战略的发力期。长期的城乡分治，使得优质公共服务资源向基层下沉、向农村延伸力度不够，农村基本公共服务仍存在资源配置不合理、服务体系不健全、服务水平相对较低等问题，亟须对标农村现代化目标，加快补齐公共服务短板，进一步完善基本公共服务制度体系，从财政、技术、人才等方面采取战略性应对措施，加快实现基本公共服务均等化。

一、农村现代化与农村基本公共服务概念内涵

（一）农村现代化

现代化的理论和实践始于西欧和北美，它是伴随着近代西方文明的演化产生和发展的。工业革命以来，人类社会开始了从传统农业文明向现代工业文明的转变，人们的社会生活各个领域发生了深刻变革，这一过程就称为现代化。20 世纪 60 年代以来，现代化理论得到较快发展和广泛运用，狭义上的现代化是发展中国家从发达国家身上汲取工业社会的养料，变革自身经济社会文化的一系列过程[1]，广义上的现代化是一个多方面的进程，包括社会文化转型、经济快速发展、社会普遍幸福、人们的生活质量提高等[2]。

中共十九大报告提出"加快推进农业农村现代化"，首次在党和国家文件中明确增加了农村现代化。已有研究认为，农业现代化是产业现代化

---

* 课题主持人：李瑾，北京农业信息技术研究中心研究员。

的概念，而农村现代化是一个区域现代化的概念[3]，包含经济、社会、文化、政治和生态文明建设等多方面内容，是乡村经济社会的全面重构。陈锡文[4]从乡村振兴战略角度切入，以中共十九大报告文本为根据进行解读，指出农村现代化就是要实现乡村振兴"五位一体"20个字总要求，不仅要解决当前农民就业、增收和农村产业融合发展问题，还要加强农村基层基础工作。解安、路子达[5]认为农村现代化是乡村振兴的重要内容，包括产业现代化、生活现代化、文化现代化、治理现代化。综合已有研究成果，本研究认为农村现代化是实现乡村全面振兴的一个过程，应该按照产业兴旺、生态宜居、乡风文明、治理有效、生活富裕的总要求，实现乡村产业、人才、文化、生态和组织振兴，通过建立健全城乡融合发展体制机制和政策体系，统筹推进农村经济建设、政治建设、文化建设、社会建设、生态文明建设和党的建设，推进乡村治理体系和治理能力现代化，最终全面实现农业强、农村美、农民富的目标。

（二）农村基本公共服务

2012 年，《国家基本公共服务体系"十二五"规划》明确提出基本公共服务的概念和范围，其中，基本公共服务是指建立在一定社会共识基础上，由政府主导提供的，与经济社会发展水平和阶段相适应，旨在保障全体公民生存和发展基本需求的公共服务，其范围一般包括保障基本民生需求的教育、就业、社会保障、医疗卫生、计划生育、住房保障、文化体育等领域的公共服务。党的十八大以来，我国十分重视推进城乡基本公共服务均等化。2017 年国务院制定了《"十三五"推进基本公共服务均等化规划》顶层设计，明确基本公共服务的制度框架与服务清单；2019 年多部门联合发布的《加大力度推动社会领域公共服务补短板强弱项提质量 促进形成强大国内市场的行动方案》明确了补齐基本公共服务短板，加快实现基本公共服务均等化的重点任务；2020 年中央 1 号文件提出"对标全面建成小康社会加快补上农村基础设施和公共服务短板"，重点推进农村教育、基层医疗卫生、社会保障、公共文化服务等农村基本公共服务建设。

对标国家关于基本公共服务、基本公共服务均等化的宏观规划及已有研究基础，本研究将农村基本公共服务界定为：由政府主导的，向城市以外空间地域系统内居民提供的，能够保障其在教育、医疗卫生、社会保障、就业、住房保障、文化体育等领域的基本民生需求，并与经济社会发展水平相适应的基本公共服务。

二、现阶段我国农村基本公共服务供给现状与需求

(一) 农村基本公共服务供给现状

1. 基本公共教育

农村教育设施不断完善，师资力量不断增强，信息化设施逐步增加。2019 年农村小学占地面积合计 11.29 亿平方米，其中，运动场地面积 3.15 亿平方米，教室 164.1 万间，拥有图书 6.97 亿册；我国农村小学共有专任教师 167.9 万人，占全部教职工数的 93.5％；农村小学拥有计算机 421.2 万台，拥有网络多媒体教室 83.4 万间①。课题组调查数据显示，93.94％的农村学校拥有电脑，92.30％的农村学校拥有多媒体教室，66.67％的农村学校拥有远程教育系统，51.52％的农村学校拥有电子黑板（图 1）。

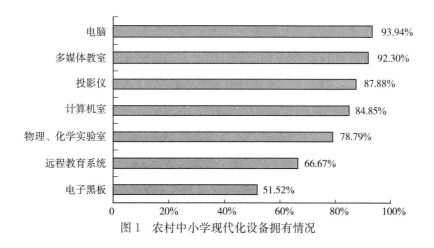

图 1　农村中小学现代化设备拥有情况

---

① 中国教育统计年鉴 2019。

2. 劳动就业创业服务

农村公共就业服务体系不断健全，2019 年年底，98.8％的街道和 98.7％的乡镇建立了劳动保障工作平台，92％的社区和 78.6％的行政村配备有劳动保障人员①。农村劳动就业资金补助力度不断加大，2017 年以来，农业农村部累计在国贫县投入 18.3 亿元，培训脱贫带头人和贫困户 83.3 万人②。农村劳动就业人数不断增加，2020 年全国农民工总量 28 560 万人，比 2014 年增长 4.3％，其中本地农民工 11 601 万人③（图 2）；截至 2019 年已累计帮扶 1213 万农村建档立卡贫困劳动力实现就业④。初步形成包含职业介绍、就业培训、失业保险和劳动就业服务企业的劳动就业服务体系，就业培训内容和培训方式不断丰富。课题组调研数据显示，69.7％的乡镇建有创业就业服务机构，79.4％的乡镇定期或不定期开展就业培训。

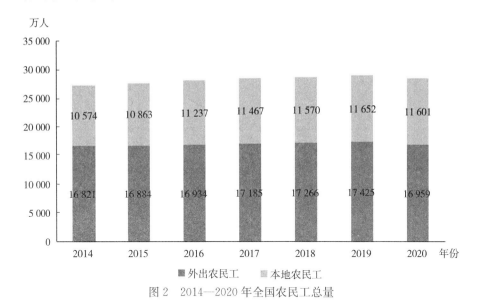

图 2　2014—2020 年全国农民工总量

---

① 中国农村社会事业发展报告（2020）。

② 农业农村部科技教育司相关负责人解读 2020 年高素质农民培育工作要点：为"三农"工作提供有力人才支撑［EB/OL］. http://www.agri.cn/province/fujian/nyyw/202007/t20200709_7450550.htm.

③ 中华人民共和国 2020 年国民经济和社会发展统计公报。

④ 2019 年度人力资源和社会保障事业发展统计公报。

3. 基本社会保险服务

我国目前已建立起全国统一的城乡居民基本养老保险制度和基本医疗保险制度，农村养老保险参保人数逐年增加。2020 年我国城乡居民社会养老保险和城乡居民基本医疗保险参保人数分别达到 54 244 万人和 101 678万人①，分别是 2010 年的 5.28 倍和 5.21 倍②（图 3）。2019 年共为 2 529.4 万建档立卡贫困人口、1 278.7 万低保对象、特困人员等贫困群体代缴城乡居民养老保险费近 42 亿元，为 2 885.5 万贫困老人发放养老保险待遇，6 693.6 万贫困人员从中受益③。课题调查数据显示，分别有 66.0% 和 89.4% 的受访者参加了城乡居民养老保险和城乡居民基本医疗保险。

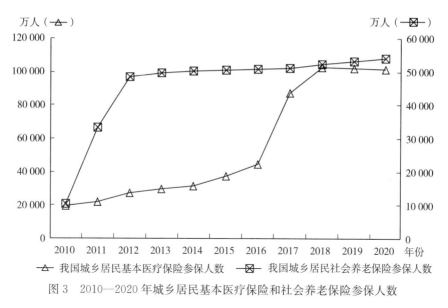

图 3　2010—2020 年城乡居民基本医疗保险和社会养老保险参保人数

4. 基本社会服务

农村最低生活保障标准稳步提升，社会救助能力稳步提升。2019 年农村低保年平均标准增加到 5 335.5 元/人，是 2010 年的 3.8 倍④；全年

---

① 中华人民共和国 2020 年国民经济和社会发展统计公报。
② 中国统计年鉴 2020。
③ 2019 年度人力资源和社会保障事业发展统计公报。
④ 数据来源：2010—2019 年民政事业发展统计公报。

支出农村低保资金 1 127.2 亿元，较 2010 年分别增长 153.3%，支出特困人员救助供养资金 346 亿元，较 2015 年增长 64.8%①。随着国家精准扶贫政策的持续推进，农村低保对象和农村特困人员不断减少，2019 年农村低保对象人数为 3 455.4 万人，较 2010 年减少 1 758.6 万人（图4），农村特困人员 439.1 万人，较 2015 年减少 77.6 万人②。全面建立农村留守儿童关爱保护制度，截至 2018 年 8 月，全国农村留守儿童比 2016 年下降 22.9%③，截至 2019 年，全国村一级配备"儿童主任"62.5 万名，有效提升了儿童关爱保护水平④。农村社会福利不断增强，大部分省（自治区、直辖市）建立了高龄补贴政策，并针对空巢老人、孤寡老人的非经济养老支持开展研究和实践探索，如建立社会养老服务机构和幸福院等。

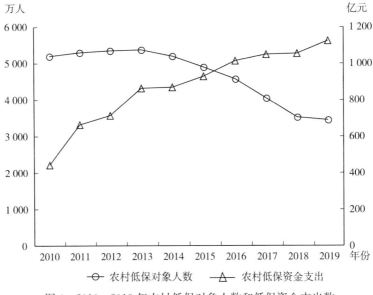

图 4　2010—2019 年农村低保对象人数和低保资金支出数

①②　数据来源：2010—2019 年民政事业发展统计公报。

③　全国现有农村留守儿童 697 万余人两年间下降 22.7% ［EB/OL］. https：//baijiahao. baidu. com/s？ id＝1610323742087889781＆wfr＝spider＆for＝pc.

④　中国农村社会事业发展报告（2020）。

5. 基本医疗卫生

农村医疗卫生机构、医疗人才、医疗设施不断完善，服务能力大幅提升。2019年底，农村基层医疗卫生机构95.4万个，乡村医生和卫生员人数达到84.2万，农村每千人口卫生技术人员4.96人，比2009年增长2.02人（图5），其中，执业（助理）医师1.96人，注册护士1.99人，分别比2009年增长0.65人和1.18人；农村每千人口医疗卫生机构床位数4.81张，比2010年增长2.21张[①]。农村人口健康水平持续提高，农村孕产妇、新生儿、婴儿、5岁以下儿童死亡率显著下降，城乡差距显著缩小。通过在云南、广西、河南、四川、黑龙江等地开展远程医疗试点建设，促进优质医疗资源下沉和资源配置优化，推动PPP模式在医疗卫生领域的发展，加强与社会资本的合作，不断增加医疗卫生服务供给量，满足人民群众日益增长的健康需求，提升乡村医疗卫生服务可及性和便利性。

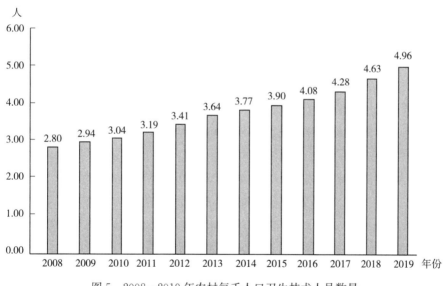

图5 2008—2019年农村每千人口卫生技术人员数量

6. 基本住房保障

农村居民居住条件得到极大改善，2019年农村居民人均住房建筑面

[①] 数据来源：中国卫生健康统计年鉴2020。

积达到 48.9 平方米，是 1978 年的 6 倍^①（图 6），2018 年居住在钢筋混凝土或砖混材料结构住房的农户比重为 71.2%，比 2013 年提高 15.5 个百分点^②。调查数据显示，人均住房面积在 10～50 平方米的农村居民占 62.9%，住房结构为砖混结构和钢筋混凝土结构的占 83.4%。截至 2020 年 6 月 30 日，完成对全国 2 340 多万户建档立卡贫困户住房安全情况核验，有 50.6% 建档立卡贫困户原住房基本安全，针对其他贫困户，通过实施农村危房改造、易地扶贫搬迁、农村集体公租房等多种形式，保障其住房安全^③。此外，各地积极探索开展住房保障制度创新，除原址新建、修缮外，采用置换、租用、提供廉租住房和租赁补贴等多种救助方式对农户进行保障。调查数据显示，农村居民对当地住房保障服务的满意程度较高，近六成选择"非常满意"和"比较满意"。

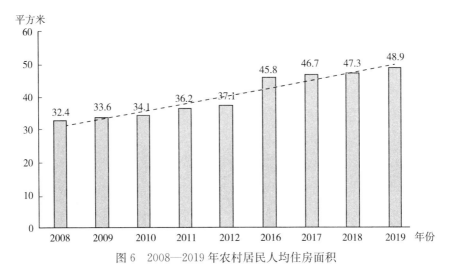

图 6　2008—2019 年农村居民人均住房面积

7. 基本公共文化体育服务

乡村现代传输体系覆盖率逐年增加，2019 年，全国农村广播和电视

---

① 住建部部长王蒙徽：2019 年城镇居民人均住房建筑面积达 39.8 平方米 ［EB/OL］. http：// finance. sina. com. cn/stock/estate/sd/2020－10－23/doc－iiznezxr7683266. shtml.

② 人民生活实现历史性跨越阔步迈向全面小康——新中国成立 70 周年经济社会发展成就系列报告之十四，国家统计局.

③ 全国农村危房改造扫尾工程已按时完成 ［EB/OL］. https：//baijiahao. baidu. com/s? id＝1678629546009438683&wfr＝spider&for＝pc.

综合人口覆盖率分别达 98.84％、99.19％① （图 7）。乡村公共文化设施不断完善，不断加大美术馆、公共图书馆、文化馆以及乡镇综合文化站"三馆一站"公益性文化设施向农村免费开放的力度；积极推进村级综合文化服务中心建设，截至 2019 年底，建成综合文化服务中心的行政村（社区）占比达 95.5％，"一场两台"等体育设施已覆盖全国约 96％的行政村②。调查数据显示，分别有 72.73％、72.94％的村配置有体育健身场所和文化活动中心，72.16％、60.98％的村配置有图书室或农家书屋和广场等。此外，通过图书、报刊下乡、戏曲下乡、电影下乡等活动的开展，有效地提升了农村地区优秀精神文化产品和服务供给能力，2019 年，累计为基层农村放映公益电影 500 万场次，为 1.3 万个贫困乡镇配送 8 万场戏曲，组织 1.2 万支文化文艺小分队、举办 21 万场文化文艺活动③。目前，我国已初步建成包括国家、省（自治区、直辖市）、市、县（区）、镇（街道）、村（社区）在内的六级公共文化服务网络。

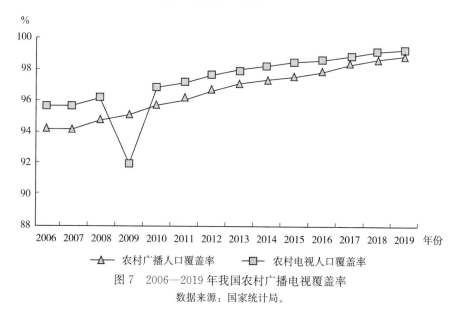

图 7 2006—2019 年我国农村广播电视覆盖率

数据来源：国家统计局。

---

① 国家统计年鉴 2020。

②③ 中国农村社会事业发展报告（2020）。

8. 残疾人基本公共服务

通过基本福利和社会救助加强对残疾人的兜底保障。在基本福利方面，2015 年，国务院印发《全面建立困难残疾人生活补贴和重度残疾人护理补贴制度的意见》，截至 2017 年底，各省（自治区、直辖市）均出台实施意见，全国所有县（市、区）实现残疾人两项补贴发放全覆盖，分别惠及困难残疾人 1 062 万人、重度残疾人 1 164 万人[①]，且多数地方执行城乡统一的两项补贴标准，同时将资金重点向农村、偏远地区、欠发达地区倾斜。在社会救助方面，为农村残疾人提供最低生活保障、特困人员供养、医疗、就业等救助。截至 2017 年底，全国共有 605.4 万名农村残疾人纳入最低生活保障，92.5 万名农村残疾人纳入农村特困人员救助供养[②]。截至 2019 年底，残疾居民参加城乡社会养老保险人数 2 630.7 万，618.2 万重度残疾人得到政府的参保扶助[③]；农村残疾人新增就业 26.9 万人。调查数据显示，政府为当地残疾人提供的服务中，保障范围最广的前三位分别是"提供困难残疾人生活补贴"、"纳入低保家庭"和"提供残疾人护理补贴"。

（二）农村基本公共服务存在问题及需求

1. 城乡公共教育资源分布不均，迫切需要加大人力资本与新技术投入，推动教育公平化

目前，我国城乡师资力量、教学设施、教学内容与手段等教育资源存在明显差距。2019 年，农村小学和初中专任教师中本科及以上学历教师占比分别较城市低 27 个百分点和 11.5 个百分点，农村小学专任教师中尚有 5.2% 仍是高中及以下学历[④]；农村小学图书拥有量、计算机拥有量、运动场地面积均远低于城市水平，此外，农村地区授课方式单一、教学手段落后，缺乏对学生素质能力、个性发展、兴趣拓展等方面的关注。课题组调查数据显示，60.61% 的村民认为农村英语、音乐等专职教师

---

① ② 关于 2019 年重度残疾人无条件纳入低保，民政部这样回复［EB/OL］. https：//www. sohu. com/a/334664796 _ 120065118.

③ 中国农村社会事业发展报告（2020）.

④ 中国教育统计年鉴 2019.

严重不足，36.36%的村民认为学生学到的知识面窄，27.27%的村民认为教育教学设施缺乏、落后（图8）。因此，迫切需要加大农村中小学教育基础设施和优质教师资源投入，均衡义务教育资源配置，多渠道扩充普惠性学前教育资源，着力补齐落后地区在职业教育、高等教育、特殊教育上的短板。

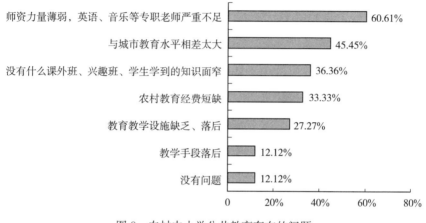

图8 农村中小学公共教育存在的问题

2. 农村劳动就业服务体系不健全，迫切需要创新就业培训模式，拓宽农村劳动力就业渠道

农村劳动就业培训机构服务水平有待提高，现有机构普遍存在职能模糊不清、资金保障缺乏、基础设施不完善、高水平师资队伍缺乏等问题，极大地制约了新型高素质农民与普通农民培育工作深入。就业培训内容有待创新，课题组调查数据显示，30%的村民反映就业培训服务的内容太少，39.5%的村民反映培训的针对性不强。校企合作需要进一步扩展。农村劳动就业培训与企业等用人单位合作不足，缺乏实践操作训练，且能够提供的就业机会有限，44.7%的村民反映其提供的工作机会太少（图9）。迫切需要在扩大劳动力就业培训范围基础上，不断提升农民职业技能培训的针对性以及农民实践操作能力，创新农村劳动就业服务模式，加强与制造业等用工量大企业的积极合作，拓宽农民就业渠道。

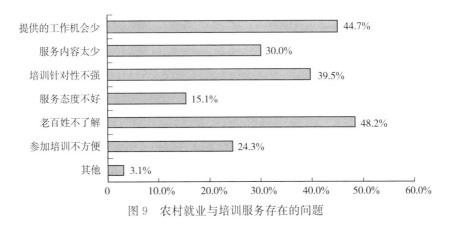

图 9　农村就业与培训服务存在的问题

3. 农村社会保险制度尚不完备，迫切需要增加保险制度供给，确保村民社会生活长期稳定

农村养老保险服务范围有待扩大，当前，我国农村家庭规模缩小、空巢家庭比例上升、劳动力老化等问题逐渐显现，课题组调研数据显示，目前仍有 34.0% 的村民尚未参加城乡基本养老保险。部分村民尚未参加城乡基本医疗保险，且农村医疗保险保障水平相对较低，导致很多农村家庭出现"因病致贫""因病反贫"现象。农民工社会保险制度还存在制度缺陷，目前国内农民工工伤保险严重不足、医疗保险基本处于缺失状态、失业保险面临诸多限制，且个人社保难以进行异地转移。迫切需要不断完善社会保险制度体系以及保险关系转移接续政策，拓宽农村保险制度的覆盖面，并建立全国统一协同的社会保险系统平台。

4. 农村基本社会服务水平较低，迫切需要扩大兜底帮扶力度，提升弱势群体社会福利

农村留守儿童关爱保护工作有待进一步提升，课题组调研数据显示，仅有 40% 的村民表示该村有儿童福利设施，主要提供基本生活服务（占比达 66.12%），而对儿童的法律安全服务（占比 28.62%）和心理健康辅导较少（占比 41.72%）。农村低保政策执行不到位，调研数据显示，农村低保服务存在诸如申请手续和办理过程繁琐（占比56.98%）、低保补助不能满足基本生活需求（占比 45.34%）、评议过程没有做到公正公开（占比 37.07%）、低保对象未定期核查（占比

15.52%）等问题（图 10），阻碍了农村贫困人口低保救助的执行效果。对特困人员的救助服务有待完善，调研数据显示，目前仅有 26.21% 的农村设有独立的特困人员救助场所，且入住率不高（33.99%）、护理人员数量不足（平均每位护理人员要照顾 14 位特困人员），特困人员救助供养的基础设施亟待升级。迫切需要集结社会力量共同引导和关注农村留守儿童的健康成长；加强对农村最低生活保障执行过程的监督和定期核定，力争做到应保尽保。

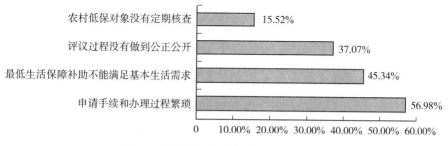

图 10　农村最低生活保障服务主要问题

5. 农村医疗卫生服务供给不足，迫切需要增加资源要素投入，提高农村优质服务可及性

城乡医疗卫生资源配置不均衡，2019 年农村每千人口医疗卫生机构床位数、卫生技术人员数、执业（助理）医师数、注册护士数都仅为城市的一半左右[①]。农村居民医疗卫生服务水平相对较差，"看病难"问题依然存在。调查数据表明，认为农村医疗卫生服务费用高的占比为 48.1%，认为医疗器械等设施设备陈旧的占比为 38.5%、认为医生水平差的占比为 29.0%（图 11）。通过信息化手段获取优质服务尚显不足，调查数据显示，选择"去医院现场挂号"的村民比例为 81.3%，而选择"用手机APP、微信公众号预约挂号"和"通过网站预约挂号"的分别为 26.6% 和 19.7%；乡镇医院实行网络预约就诊的比例仅为 27.3%，开展远程医疗的比例仅为 15.2%。亟须优化医疗卫生资源配置，加大农村地区医疗卫生投入，持续提升农村医疗卫生机构服务能力。

---

①　中国卫生健康统计年鉴 2020.

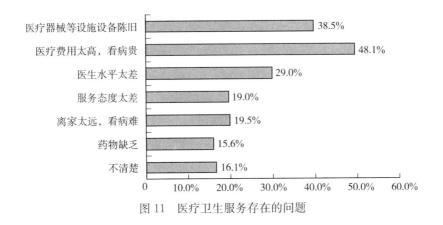

图 11　医疗卫生服务存在的问题

6. 农村住房保障体系尚不健全，迫切需要优化住房支持政策，切实改善农村居民居住条件

我国农村地区沿袭以宅基地为基础的住房保障模式，尚未建立起有效的住房保障体系，农村居民难以享受城镇职工的住房公积金制度福利，住房压力几乎完全由农村居民家庭自行负担，课题组调查显示，57.3%的农村居民表示缺乏建房或修缮资金。农民住房由于缺乏统一规划设计和专业施工，存在整体无序、土地利用率低、房屋质量不高、寿命短等问题。调查发现，农村居民认为当前农村住房存在"格局不合理"问题的占比为51.6%，存在"舒适度差"问题的占比为47.7%，存在"建筑质量差"问题的占比为39.1%。亟须出台农村住房保障规章制度，提高农村住房保障资金的投入力度，通过制度创新切实保障农村无房户、危房户和贫困农户的住房需求（图12）。

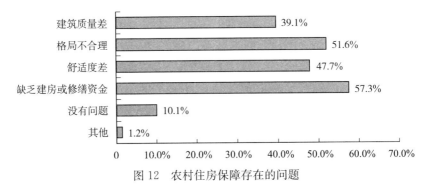

图 12　农村住房保障存在的问题

7. 农村文化体育服务较为匮乏，迫切需要完善设施与人员配备，丰富农村精神文化生活

农村公共文化体育基础设施建设与利用双不足，2018 年，全国仅 16.6％乡镇有体育馆，群众性体育组织不健全[①]。调查数据显示（图 13），51.93％的村民认为当地公共文化服务设施与场所缺乏，且建成的农家书屋、文化活动广场、活动室等设施利用率不到 50％。农村文体服务人才队伍缺乏，2019 年全国乡镇文化站单位专业技术人员数量不足 1 人（仅0.93 人）[②]，课题组调研数据显示，34.26％的村民认为当地公共文体服务人员不足，农村文体服务内容供需不匹配，农村文化体育设施产品较为单一；57.04％的村民认为当地提供的文化体育服务内容少，村民参与文体活动的积极性不高。传统文化资源挖掘与传承能力有待提升，调查数据显示，18.44％村民认为本村传统美德、文化资源没有得到传承与发展。亟须在农村地区增设体育健身设施与文化活动场所，吸引社会力量共同参与供给，鼓励和引导农民参与；深挖乡村优秀文化资源，加快推进乡村优秀文化资源数字化。

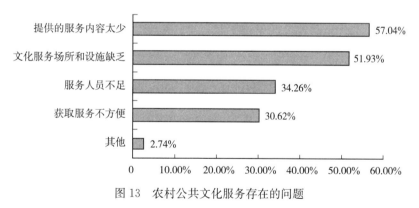

图 13　农村公共文化服务存在的问题

8. 农村残疾人保障事业发展滞后，迫切需要扩大政策支持力度，建立便利友好生活环境

城乡残疾人社保补贴力度存在较大差距，农村残疾人基本公共服务可

---

① 中国农村社会事业发展报告 2019。
② 中国文化文物和旅游统计年鉴 2020。

及性不足。整体来看，城乡残疾人人均社保补贴力度相差 1 250.35 元，对于覆盖面最广的 5 个保障项目，农村残疾人人均困难残疾人生活补贴和重度残疾人护理补贴分别比城镇少 31.82%、18.66%，养老保险参保补贴、医疗保险参保补贴分别比城镇少 51.83%、19.35%，最低生活保障比城镇少 33.57%[6]。课题组调查显示，"就业难"、"医疗负担重"、"养老没有保障"、"康复服务获取较难"、"住房条件差"是当前农村残疾人保障方面存在的主要问题（图 14）。亟须加大对农村残疾人社会保障各方面的投入，加强农村地区医疗卫生、康复护理无障碍设施等基础设施建设，改善贫困残疾人家庭住房状况，广泛开展残疾人就业创业服务与培训等。

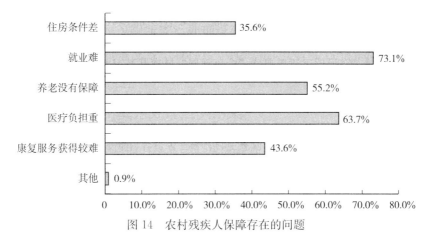

图 14　农村残疾人保障存在的问题

三、"十四五"农村现代化目标下农村基本公共服务主要短板

（一）"十四五"农村现代化目标下农村基本公共服务供给的关键核心指标

按照国家乡村振兴战略要求，"十四五"农村现代化的实现目标包括农村产业现代化、农村生态现代化、乡村治理现代化、乡村文化现代化以及农民生活现代化五个方面。对标这五个方面，确定了农村基本公共服务亟须补齐的短板，包括农村公共基础设施建设、农村人居环境整治、农村

教文卫体、农村社会保障等方面。提出了农村基本公共服务供给的关键核心指标，并明确了核心指标当前值、2025 年目标值以及当前实现程度值（表1）。

表1　"十四五"农村现代化目标下农村基本公共服务供给的关键核心指标

维度指标	核心指标	当前值	目标值	实现程度（%）
基础设施	农村供水普及率（%）①	80.98	90	89.98
	农村燃气普及率（%）①	31.36	50	62.72
	农村互联网普及率（%）②（2020）	55.9	70	79.86
	农村污水集中处理率（%）①	30	50	60.00
	农村自来水普及率（%）③	82.0	95	86.32
	农村无害化厕所普及率（%）①（2017）	62.5	90	69.44
	农村生活垃圾收运处置体系覆盖率（%）③	84.0	98	85.71
基础教育	学前三年毛入园率（%）④	75.0	85	88.24
	农村幼儿园教职工与在园幼儿数比（%)④	13.67	10	73.15
	农村成人教育覆盖率（%）③	0.09	30	0.30
	农村义务教育生师比④	14.8	10.0	67.57
	农村中小学多媒体教室占比（%）③	53.0	70	75.71
	3～5 岁进城农民工随迁儿童入园率（%）⑤	85.8	90	95.33
	农村 6 岁以上人口受教育年限（年）⑥	7.90	9	87.78
公共文化	行政村综合性文化服务中心覆盖率（%）⑩	95.5	100	95.50
	县及县以下文化和旅游事业费占 GDP 比重（%）③	0.06	2	3.00
	行政村文体业余组织覆盖率（%）③（2018）	41.3	60	68.83
	建成文化馆总分馆制的县（市、区）占比（%）③	68.5	90	76.11
	建成图书馆总分馆制的县（市、区）占比（%）③	73.8	90	82.00
	农村广播节目综合人口覆盖率（%）③	98.84	≥99	99.84
	农村电视节目综合人口覆盖率（%）③	99.19	≥99	100.00

（续）

维度指标	核心指标	当前值	目标值	实现程度（％）
医疗卫生	每千人卫生技术人员数（人）⑦	4.96	6	82.67
	每千人执业（助理）医师数（人）⑦	1.96	2	98.00
	每千人注册护士数（人）⑦	1.99	3	66.33
	每千人口医疗卫生机构床位数（张）⑦	4.81	6	80.17
	村卫生室人员本科以上学历占比（％）⑦	0.8	2	40.00
	5 岁以下儿童死亡率（‰）⑦	9.1	6	65.93
	孕产妇死亡率（1/10 万）⑦	18.6	13	69.89
	婴儿死亡率（‰）⑦	6.6	5	75.76
社会保障	农村低保年平均标准（元/人·年）⑧（2020 年）	5 962.3	10 119	58.92
	农村社区综合服务设施覆盖率（％）⑧	59.3	90	65.89
	残疾人文盲率（％）③（2018）	19.07	10	52.44
	农村残疾人人均收入（％）③（2018）	7 829.9	13 432	58.29
	农村残疾人就业率（％）③（2018）	78.86	85	92.78
	农村妇女就业率（％）③（2018）	42.9	70	61.29
	乡村一产就业人员占比（％）⑥	58.5	35	59.83
	人均城镇职工基本养老保险支出与人均城乡居民基本养老保险支出比⑧（2018 年）	20.710	10	48.29
	农民工工伤保险参保率（％）⑤	28.038	50	56.08
	农民工失业保险参保率（％）⑤	16.830	30	56.10
	农民工城镇职工养老保险参保率（％）⑤	21.508	50	43.02
	农村特困人员救助供养机构人口覆盖率⑧	19.97	50	39.94
	混合结构以上农房比例（％）⑥	90.200	95	94.95

数据来源：①来自中国城乡建设年鉴；②来自 CNNIC；③来自中国农村社会事业发展报告；④来自中国教育统计年鉴；⑤来自国家统计局农民工监测报告；⑥来自中国农村统计年鉴；⑦来自中国卫生健康统计年鉴；⑧来自民政部；⑨来自中国社会统计年鉴。除特别标注外，其余均为 2019 年的数据。

注：①将劳动就业、残疾人服务、社会服务、住房保障等一并纳入社会保障当中。②目标值的确定依据主要根据中国社会科学院《中国农村发展指数》与《中国实现农业农村现代化评价指标体系》、国家统计局《全面建成小康社会统计监测指标体系》、农业农村部农村社会事业促进司《农村社会事业监测评价指标体系》等相关指标体系的目标值，以及课题组咨询专家所获得的目标值。③实现程度计算方法采用比值法对具体指标现代化实现程度进行计算，对于正向指标 $P_i = c_i/c_0 \times 100\%$，其中，$c_0$ 为目标值，c_i 为具体指标实际值。对于负向指标，$P_i = c_0/c_i \times 100\%$。以上指标中，除 5 岁以下儿童死亡率、孕产妇死亡率、婴儿死亡率、残疾人文盲率、乡村一产就业人员占比、人均城镇职工基本养老保险支出与人均城乡居民基本养老保险支出比为负向指标，其他指标均为正向指标。

（二）"十四五"农村基本公共服务主要短板

1. 人居环境基础设施是农村基础设施突出短板

农村交通设施建设质量不高，"重速度、轻质量""重建设、轻养护"现象依然存在，乡村集体经济不强导致包括路灯、视频监控摄像头等基础设施后期维修资金得不到保障。农村供气和环卫等人居环境设施水平低，距离乡村生态现代化有较大差距。2019 年，全国农村自来水普及率为82%，比城市低 16.78 个百分点；全国村庄燃气普及率仅 31.36%，同期城市已达到 97.29%；农村污水集中处理率只有 30%；2017 年，农村无害化卫生厕所普及率为 62.5%。城乡信息化鸿沟短期内仍难以弥合，截至 2020 年 12 月，农村互联网普及率 55.9%，低于城镇 23.9 个百分点，5G、数据中心等新基建在农村部署缓慢，数字乡村建设任重道远。

2. 农村公共基础教育资源与现代设施配置需提升，农村成人继续教育、特殊教育尤其亟待补齐

农村学前教育发展有待提升，2019 年农村学前三年毛入园率仅 75%，而城镇 2018 年已基本实现学前教育全覆盖；3～5 岁进城农民工随迁儿童入园率为 85.8%，尚有部分农民工子女入园难问题待解决。农村成人教育和特殊教育是基础教育短板中的短板，成人教育覆盖率不到 1%，残疾人文盲率高达 19.07%，实现程度仅为 52.44%。农村办学条件和师资队伍仍需提升，2019 年底，全国农村小学多媒体网络教室数量占教室数量比为 53.0%，低于城区 30.2 个百分点；农村义务教育生师比实现程度仅为 67.57%。

3. 农村文化体育设施供给不平衡，一老一小服务设施、体育健身设施、业余文化组织以及文化事业费支出需加快补齐

文体设施短缺与闲置并存以及资源空间错配。第三次全国农业普查数据结果显示，2016 年全国行政村体育健身场所和老年活动室覆盖率分别为 59.2%、44.98%，图书馆/阅览室和社区广场/公园覆盖率分别为 76.08%、31.58%，儿童游乐园覆盖率仅为 7.66%，且图书室等设施利用率较低。农村文化事业费投入低，2019 年县及县以下文化和旅游事业费占 GDP 的比重仅 0.06%，目标值实现程度仅 3%。农村文化体育有效需求不足，2020 年，农村居民人均教育文化娱乐消费支出 1 309 元，仅为城镇居民消费水平的 50.5％①。农村文体业余组织发展薄弱，全国不到一半的村庄建有农民业余文化组织。

4. 农村医疗卫生人力资源投入、环境卫生、生命健康等领域需补齐

农村医疗卫生资源数量不充分，资源配置结构不合理。2019 年，城乡每千人卫生技术人员数相差 6.14 人，其中，执业（助理）医师数和注册护士数分别相差 2.14 人、3.23 人；城乡每千人医疗卫生机构床位数相差 3.97 张；村卫生室人员大学本科以上学历仅占 0.8％。农村医疗保障和服务水平偏低，农村居民健康水平仍待提升。婴儿死亡率、5 岁以下儿童死亡率分别比同期城镇水平高 3.2 个千分点、5.3 个千分点，每 10 万孕产妇中死亡率比城镇水平高 12.7％。

5. 农村社会保障需补齐农村低保、城乡社会保险差异、农民工社会保险以及农村弱势群体关爱服务等短板

社会保险覆盖面仍需拓宽。工伤保险、失业保险、生育保险等险种尚未形成城乡统筹与全面覆盖，农民工工伤保险、失业保险、城镇职工养老保险参保率仅分别为 28.04％、16.83％、21.51％。2018 年数据显示，人均城镇职工养老保险基金支出与人均城乡基本养老保险基金支出比高达 20.71：1。农村兜底性社会保障水平仍需提升，2020 年，农村低保标准仅为城市标准的 73.3％。农村社区服务水平短板明显，农村社区综合服务设施覆盖率仅 59.3％，远低于城市水平（92.9％）。留守儿童、妇女、残疾人和老人关爱服务，以及农民工医疗、子女教育、就业、住房等保障水平仍需提升。

（三）短板问题的根源性分析

1. 基本公共服务制度本身还不完善

我国城乡基本公共服务供给标准体系尚不健全，现有公共服务标准多为数量标准，且各地标准差距较大。基本公共服务供给责任不清，中央与地方政府事权不明晰、错位现象比较严重，地方政府无力承担和改善本地

---

① 国家统计局：2020 年人均教育文化娱乐消费支出 2 032 元［EB/OL］. https：//baijiahao. baidu. com/s？id＝16892173470329296378&wfr＝spider&for＝pc.

区基本公共服务供给。公共服务考核评价制度不完善，目前政府绩效评价体系更注重经济指标的增长，缺乏包括公共服务在内的社会指标，或虽然涵盖了基本公共服务供给范围、数量、质量等考核指标，但是未涉及城乡基本公共服务均等化等内容。四是缺乏对基本公共服务的有效监管，易导致资源分配不公。

2. 公共服务资源、政策长期偏向城市

由于分税制和财政分权管理，地方政府的财权与事权不匹配，以及我国长期存在的城乡二元结构等问题，使得基本公共服务投入更偏重于城市，导致农村地区公共服务供给滞后。2019 年我国城镇固定资产投资占全社会固定资产投资的比重为 98.32％①②，虽然其中可能包含了城市化所导致的城市区域扩张的影响，但地方政府在资源配置上的城市偏向依旧十分明显。这种长期以来的城市偏好政策，严重阻碍了城乡基本公共服务均等化的实现。

3. 农民受自身素质和参与意识薄弱的限制

一方面，我国乡村人口基数大、分布散，导致我国农村基本公共服务覆盖难。农村人口综合素质普遍较低，又会从根本上制约农村发展，进而影响经济社会的协调发展，从而拉大城乡差距，抑制城乡基本公共服务均等化。另一方面，农民参与意识薄弱，导致农民在公共服务需求表达及参与供给中缺乏积极性。在公共服务供给方面，农民往往一味依赖政府，且只关注最迫切需要的以及具有短期利益的公共服务。

四、"十四五"农村现代化目标下农村基本公共服务发展重点

（一）重点任务建议

1. 推进城乡基本公共教育资源均等化

完善农村义务教育经费保障机制，改善落后地区义务教育办学条件，

---

① 中国统计年鉴 2020，国家统计局数据。

② 2019 年 1—12 月全国固定资产投资（不含农户）增长 5.4％［EB/OL］. http：//www.stats. gov. cn/tjsj/zxfb/202001/t20200117 _ 1723385. html.

完善教学设施设备，加快落实农村地区中小学教师编制和待遇水平，着力提升农村和落后地区义务教育水平和质量。加强农村普惠性学前教育建设，加强农村公办幼儿园建设普及，鼓励和扶持民办幼儿园提供普惠服务，加强幼儿园硬件设施、师资、教育活动等方面规范监督，为幼儿高质量教育服务。推动城乡优质教育资源共享，利用远程教育系统、对口帮扶、交流学习、师资支援等手段推动城市优质教育资源向农村延伸和共享，尤其要重视农村成人继续教育。

2. 提高农村基本劳动就业创业服务水平

完善农村就业政策法规咨询、信息发布、职业介绍和就业指导、就业登记和失业登记等就业公共服务制度，加强职业推荐等就业供需匹配服务。着力提升农民职业技能培训效能，加强农村职业技能培训实操基地建设，提升农民的实践操作能力；加大对基层就业培训机构的支持力度，推动培训设施、师资队伍、课程结构、教学手段更新。优化农村创新创业环境，为农村创业者提供政策咨询、项目选择、融资对接、跟踪扶持等多方面服务，提供税费优惠等政策扶持。

3. 健全农村基本社会保险服务体系

建立完善农民养老保险制度、农民医疗保险制度、农民工工伤保险制度、失地农民失业保险制度等农民社会保险制度。鼓励农村居民参与城乡基本养老保险，提升农村养老保险保障服务水平，为经济困难家庭、偏远落后地区提供保费补贴，减轻参保经济负担，推进农村养老保险服务普惠可及。

4. 改善农村基本社会服务效果

针对农村老龄化、空心化等人口结构特征，加强对留守老人、儿童和妇女的关爱救助工作。除物质经济救助外，应着重强化医疗、心理、法律、安全等多方面的援助，改善留守老人、儿童和妇女的生活质量。加强低保政策执行规范性，保证低保户评选流程公开、透明，并加强定期核定，实现应保尽保。

5. 提升农村基本医疗卫生服务质量

建立健全农村基层重大疫病防控体系，针对新冠肺炎疫情防控常态化等现实需求，提高突发公共卫生事件监测预警和联防联控能力。改善县、乡基层卫生技术人员待遇水平，吸引和留下一批优秀的卫生技术人员，同时加强卫生技术人员规范化培训，提升农村医疗卫生服务水平。通过开展远程诊断、专家会诊协商、定期坐诊、培训交流等，推动城乡优质医疗资源共享，提升县、乡医疗机构诊断救治水平。

6. 建立农村居民基本住房保障体系

建立农村住房保障制度，出台农村住房保障法律规章，为农村住房保障奠定制度基础。加快推进农村危房改造，提升危房改造补助标准和农村居民住房质量。在乡村人口流动加速等社会发展趋势下，要探索通过租赁补贴、公租房供给等方式为乡村人口提供租赁住房保障。

7. 促进农村基本公共文化体育服务精准化

围绕当地群众需求，搭建公益性文化活动平台，积极利用图书馆、博物馆、美术馆、文化馆等文化资源，开展专题展览、文艺会演、运动会等文体活动，丰富农村基本公共文化体育服务内容。加强对传统文化和优秀文化资源的挖掘，加快推进乡村文化资源数字化，推动乡村文化资源的传承和保护。鼓励和引导农民参与文化活动，通过组建农民业余文体活动团体，开展适应当地需求的文化活动，加强农民主体地位和功能发挥。

8. 改善农村残疾人基本生活质量

加强对农村残疾人生活的跟踪服务工作，落实好对农村残疾人的就业、社保、低保等各项政策支持。充分考虑残疾人的特别需求，加快推进农村教育、医疗、文化、体育等公共服务设施的无障碍改造，为残疾人提供友好便捷的公共服务环境。

（二）供给清单与标准建议

紧扣贯穿农村居民基本生存与发展需求，充分发挥基本公共服务兜底作用，聚焦教育、劳动就业创业、社会保险、社会服务、医疗卫生、住房保障、文化体育、残疾人服务等领域，建立"十四五"国家农村基本公共服务清单，明确服务指导标准，实现标准化引领基本公共服务均等化目标（见附表）。

五、"十四五"农村现代化目标下补齐农村基本公共服务短板的对策建议

(一)完善基本公共服务制度体系,制定农村基本公共服务供给清单

补齐基本公共服务短板,加强农村公路交通、视频监控摄像头、供水供气、环卫和信息化等基础设施建设,加大教育、医疗卫生和文化体育等资源投入,提升农村兜底性社会保障,推动农村基本公共服务的可及性。加快制定农村基本公共服务供给清单,搭建农村基本公共服务指导标准体系,逐步推进未达标农村基本公共服务标准化。加强各级政府的监督问责,建立农村基本公共服务效果评估指标体系,并接受农村居民的监督。加快推进农村基本公共服务相关法律法规建设,依靠法律制度的强制性和权威性为农村现代化目标下的农村基本公共服务提供保障。

(二)适度改革现有财政制度,完善农村基本公共服务资金保障

适度改革现有分税制度,进一步规范中央与地方之间的事权划分,赋予农村基层政府与其财力相适应的公共服务事权和支出责任,建立各级政府共享与分担机制。进一步健全财政转移支付制度,完善转移支付核算方式,加大对农村的转移支付力度,缩小农村与城市间的财政差距。完善农村基本公共服务资金保障,增加对农村的投入力度,扩大公共财政覆盖农村的范围和支持力度。积极引入社会资本、民间资本,构建多元化的资金供给体系。

(三)建设国家基本公共服务信息化平台,实现服务资源共享

加快开展国家基本公共服务信息化顶层设计,深化5G、物联网、卫星遥感、北斗导航、人工智能、融媒体等信息技术的应用,搭建农村基本公共服务资源数据库与公共服务云平台,聚集城乡各类基本公共服务资

源，为各级政府、企业与广大农村居民提供在线教育、健康问诊、数字文化、社保办理、互动交流、就业指导、社会帮扶、信息管理和服务对接等一站式服务，促进农村基本公共服务精准化与个性化，推进城乡基本公共服务均等化、可及性。

（四）强化人才培养与职业培训，深化先进地区专业人才对农村的对口支援

完善基本公共服务领域学科布局，将相关专业服务和管理人才培养纳入教育培养体系。加强现有从业人员的职业培训，强化定岗、定向培养和继续教育，强化对农村教师、农村医生、农村社会工作人员的继续教育，鼓励志愿者投入农村基本公共服务队伍。完善人才激励机制，建立健全适应农村基本公共服务发展特点的人事制度、薪酬制度和人才评价机制，加强对农村和边远地区的人才对口支持力度，保证农村基层服务力量。

参 考 文 献

[1] 郭长华. 传统家训的文化功能论略 [J]. 河南社会科学，2008（4）：180-182.

[1] P. J. 马格纳雷拉.《一个土耳其城镇的传统与变迁》 [M]. 纽约：威利出版社，1974.

[2] 罗纳德·英格尔哈特. 现代化与后现代化：43 个国家的文化、经济与政治变迁 [M]. 北京，社会科学文献出版社，2013.

[3] 郭翔宇. 新时代乡村振兴的指导思想和战略部署 [EB/OL]. 中国日报网. http：//china. chinadaily. com. cn/theory/2018-01/01/content_35 419 166. htm，2018-01-01.

[4] 陈锡文. 实施乡村振兴战略，推进农业农村现代化 [J]. 中国农业大学学报（社会科学版），2018，35（1）：5-12.

[5] 解安，路子达. 农村现代化：实现"两个一百年"奋斗目标的必由之路 [J]. 河北学刊，2019，39（6）：105-109.

[6] 齐心，冯善伟，张梦欣，等. 中国残疾人社会保障现状及对策建议 [J]. 残疾人研究，2020，（3）：64-71.

附表："十四五"农村基本公共服务清单

类别	序号	服务项目	服务对象	服务指导标准
农村基本公共教育	1	免费九年义务教育	农村义务教育学生	免除学杂费，免费提供教科书，统一城乡义务教育学校生均公用经费基准定额
	2	乡村中小学数字校园试点	乡村中小学学生	以中西部脱贫地区为重点，开展乡村中小学信息化标准建设，配备计算机、多媒体、智能实验室、移动图书馆等教学设施设备，建立城乡统一的中小学网络教育教学管理与服务平台，开展远程教育
	3	普惠性学前教育资助	适龄农村留守幼儿、孤儿、经济困难幼儿	减免保育教育费，补助伙食费，帮助就近入园，各省指定相应的补贴标准
	4	农村特殊教育补助费	残疾儿童、青少年	为家庭经济困难的农村残疾学生提供包括义务教育、高中阶段教育在内的12年免费教育；对残疾儿童普惠性学前教育予以资助
	5	农村成人继续教育补贴	有继续教育需求的农村居民	对于参与学历（学位）继续教育的农村居民，给予一次性学费补贴
	6	农民工子女教育资助	在城镇中小学接受教育的农民工随迁子女	除保持现有农民工子女对于农民工随迁子女九年义务教育学杂费和书费免费外，对于接受高中教育的在校农民工子弟给予每年一定额度的补贴
劳动就业创业服务	7	农村弱势群体职业培训和就业服务	农村贫困户、低收入群体、妇女、残疾人等弱势群体	对于农村弱势群体定期开展免费的就业培训服务，指导利用电商创业就业
	8	农村基本公共就业服务信息化	有就业需求的农村劳动年龄人口	搭建省级统一的公共就业服务平台，提供就业政策法规咨询、职业供求信息、市场工资指导价位信息和职业培训信息等信息服务，促进城乡各类就业服务信息实现互联互通和共享开放

（续）

类别	序号	服务项目	服务对象	服务指导标准
劳动就业创业服务	9	返乡创业担保贷款	返乡创业的农民工	对符合条件的返乡创业的农民工给予3年期的最高不超过15万元的创业担保贷款
	10	乡村公共服务岗位补贴	建档立卡贫困户人员	对安置在乡村公共服务岗位上的人员，每月给予定额补贴，各地结合当地经济水平指定岗位补贴标准
	11	就业援助	零就业农村家庭和符合条件的农村就业困难人员、失地农民	提供政策咨询、职业指导、岗位信息等服务，使有就业能力的零就业家庭至少一人就业
	12	农村职业培训补贴	农村转移就业劳动者	对培训后取得职业资格证书、职业技能等级证书、专项职业能力证书或培训合格证书的，分别给予一定标准补贴
社会保险	13	城乡居民基本养老保险	符合条件的参保退休人员	提高城乡居民基础养老金最低标准，建议最低不能低于同期职工养老金的1/10。根据经济发展和物价变动等情况，建立基础养老金水平合理调整机制
	14	城乡居民基本医疗保险	参加城乡居民基本医疗保险的农村居民	政策范围内住院费用医保基金支付比例稳定在75%左右，大病保险的报销比例达到50%以上。建议农村家庭个人筹资由以户为单位参加向以个人参加转变
	15	农民工失业保险	与用人单位建立有劳动关系的进城务工农村居民	提高农民工失业保险参保率，降低个人费率，原则上不超过总费率的0.5%
	16	农民工工伤保险	与用人单位建立有劳动关系的进城务工农村居民	提高农民工工伤保险参保率与赔付率，免费给农民工缴纳工伤保险

（续）

类别	序号	服务项目	服务对象	服务指导标准
社会保险	17	农民工职工基本养老保险	与用人单位建立有劳动关系的进城务工农村居民	提高农民工职工基本养老参保率，建立基本养老金合理调整机制
医疗卫生	18	农村居民健康档案	所有农村居民	为行政村辖区常住人口建立统一、规范的居民电子健康档案，建档率逐步达到90%
	19	行政村卫生室标准化建设	行政村卫生室	每个村至少有一名大学本科以上学历的卫生人员，配备至少一名执业（助理）医师、一名注册护士；配备儿童预防接种点、计划生育和妇幼保健、健康教育、基本医疗及应急处理等服务设施设备；实用面积原则上不低于120平方米，能够给老年人提供日常护理服务，有条件的配备医疗床位。基本实现小病不出村
	20	食品药品安全保障	所有农村居民	对供应农村居民的食品药品开展监督检查，及时发现并消除风险。对药品医疗器械实施风险分类管理，提高对高风险对象的监管强度。定期开展食品药品安全宣传工作，提高农村居民卫生安全防范意识
	21	疫病防控与应急处理	所有农村居民	制定农村应急指挥调度演练专项方案，定期开展公共卫生应急管理演练；积极运用信息化手段加强疫情防控宣传、出入管理、医疗与心理援助、复工管理等；运用网格化管理方案，对返乡人员及时开展地毯式排查，对重点人群实施动态管理
	22	农村5G远程医疗试点	有诊疗需求的农村居民	支持有条件的地区开展农村5G远程医疗试点，推动优质医疗资源下沉农村地区

（续）

类别	序号	服务项目	服务对象	服务指导标准
医疗卫生	23	农村人居环境卫生治理	所有农村居民	亟须开展人居环境治理，卫生厕所普及率、自来水普及率、无害化厕所普及率、垃圾处理率稳步提高
	24	农村儿童健康管理	0～6岁儿童	提供新生儿访视、儿童保健系统管理、体格检查、儿童营养与喂养指导、生长发育监测及评价和健康指导等服务。0～6岁儿童健康管理率逐步达到90％
	24	农村孕产妇健康管理	孕产妇	提供孕期保健、产后访视及健康指导服务。孕产妇系统管理率逐步达到90％以上
社会服务	25	农村居民最低生活保障	符合条件的最低生活保障对象	在现有最低生活保障标准提高1/5，根据经济发展和物价变动等情况，建立最低生活保障标准合理调整机制
	26	特困人员救助供养	无劳动能力、无生活来源且无法定赡养、抚养、扶养义务人，或者其法定义务人无赡养、抚养、扶养能力的老年人、残疾人以及未满16周岁的未成年人	提供基本生活条件；对生活不能自理的给予照料；提供疾病治疗；办理丧葬事宜；对符合规定标准的住房困难的分散供养特困人员，给予住房救助；对在义务教育阶段就学的特困人员，给予教育救助；对在高中教育（含中职）、普通高等教育阶段就学的特困人员，根据实际情况给予适当教育救助
	27	受灾人员救助	基本生活受到自然灾害严重影响的农村居民	及时为受灾人员提供必要的食品、饮用水、衣被、取暖、临时住所、医疗防疫等应急救助，并给予资金、物资等救助
	28	法律援助	有法律需求的农村居民	每个村配备至少一名法律顾问，提供必要的法律咨询、代理、刑事辩护等无偿法律服务

（续）

类别	序号	服务项目	服务对象	服务指导标准
社会服务	29	老年人福利补贴	经济困难的高龄、失能老年人	对经济困难的高龄老年人，逐步给予养老服务补贴；对生活长期不能自理、经济困难的老年人，给予护理补贴
	30	农村留守儿童关爱保护	父母双方外出务工或一方外出务工另一方无监护能力、未满16周岁的农村户籍未成年人	强化家庭监护主体责任；落实县、乡镇人民政府和村（居）民委员会职责；加大教育部门和学校关爱保护力度；动员群团组织开展关爱服务；推动社会力量积极参与
住房保障	31	农村危房改造	居住在危房中的建档立卡贫困户、分散供养特困人员、低保户、贫困残疾人家庭等贫困农户	支持符合条件的贫困农户改造危房，各省份确定不同地区、不同类型、不同档次的省级分类补助标准，中央财政给予适当补助，基本完成存量危房改造任务。地震设防地区结合危房改造，统筹开展农房抗震改造
	32	农民工住房补贴	进城务工农民	建立农民工租赁补贴制度，实行实物保障与货币补贴并举，并逐步补贴发放力度
文化体育	33	读书看报	农村居民	综合文化服务中心、农家书屋、图书室等配备图书、报刊、电子书刊与电子阅读显示屏，并免费提供借阅服务。探索积分制鼓励农村居民每人每天至少1小时读书看报，农村居民读书、听书看报阅读率达60％以上
	34	观赏电影	农村居民、中小学生	为农村群众提供数字电影放映服务，其中每年国产新片（院线上映不超过2年）比例不少于1/3。为中小学生每学期提供2部爱国主义教育影片
	35	全民健身服务	农村居民	探索积分制广泛动员农村居民每人每天至少1小时锻炼身体。普及健康生活方式相关知识，提供健康生活方式行为指导，最终提高农村居民健康水平

（续）

类别	序号	服务项目	服务对象	服务指导标准
文化体育	36	农村文体广场建设	农村居民	按照人口规模和服务半径，建设选址适中、与地域条件相协调的文体广场；文体广场要建设阅报栏、电子阅报屏和公益广告牌，并加强日常维护，及时更新内容；配备体育健身设施和灯光音响设备等，有条件的可搭建戏台舞台
	37	村级标准化老年活动室建设	农村60岁以上居民	做到布局均衡、设施达标、管理规范、服务优质，建筑面积原则上在100平方米以上。室内外设置必要的无障碍设施，配备空调等基本设备和文体娱乐基本器材。应根据老年人的需求和农村资源情况，设置文体活动、娱乐休闲等基本服务项目
	38	农村儿童户外活动健身场所建设	农村0～14岁儿童	配备儿童户外健身场所与设施设备，鼓励有条件的地区建设儿童游乐园
	39	农村文体业余组织	农村居民	充分发挥乡村自治组织的引导作用和文艺骨干分子的积极性，支持和帮助农民业余文化组织的建立，在场地、活动经费等条件方面给予适当支持；鼓励农民业余文化组织传承和发展农耕文化，让文艺文化活动成为振兴乡村文化的催化剂
	40	送地方戏	农村居民	根据群众实际需求，采取政府购买服务等方式，为农村乡镇每年提供戏曲等文艺演出服务
农村残疾人服务	41	农村困难残疾人生活补贴和重度残疾人护理补贴	农村困难残疾人与重度残疾人	对城乡低保范围内、残疾等级为四级（含）以上残疾人，按照残疾等级程度给予不同级别的基本生活救助，且不计入农村最低生活保障家庭的收入。对于重度残疾人，定期提供免费护理服务

(续)

类别	序号	服务项目	服务对象	服务指导标准
农村残疾人服务	42	农村无业重度残疾人最低生活保障	生活困难、靠家庭供养且无法单独立户的农村成年无业重度残疾人	经个人申请，可按照单人户纳入最低生活保障范围
	43	残疾人基本社会保险个人缴费资助和保险待遇	农村贫困和重度残疾人（四级及以上）	提供一定额度的个人缴费补贴，将符合规定的医疗康复项目或仪器设备纳入医保支出范围，并提高报销比例

"十四五"时期农村人居环境整治提升政策体系研究[*]

习近平总书记在 2020 年底召开的中央农村工作会议上明确指出，要接续推进农村人居环境整治提升行动，重点抓好改厕和污水、垃圾处理。近年来，在各地各有关部门共同努力下，农村人居环境改善取得明显成效，农村卫生厕所普及率超过 68%，农村生活垃圾收运处置体系覆盖 90% 以上的行政村，乡村面貌焕然一新。同时，农村人居环境整治提升仍存在一些问题，突出表现为：农民主体作用发挥不够，存在"干部辛苦干、群众背手看"的情况；整治任务重，资金缺口大，地方财政压力大；一些地方重建轻管问题还比较突出，运行管护有待提升等。因此，应围绕农村公共环境设施、公共环境服务、公共环境治理等薄弱环节，进一步补齐农村全面小康的短板，切实提高农村人居环境整治的政策质量和水平。

一、"十三五"期间农村人居环境整治提升成效

(一) 农村人居环境整治提升重点

1. 农村生活垃圾处理

与过去相比，农村生活垃圾的成分日趋复杂，数量逐年增多[1]。根据相关数据测算，2016 年我国农村生活垃圾量达 23 950.81 万吨[2]，并且还在以每年约 8%～10% 的速度增长[3]。农村生活垃圾的大量产生和堆积严重影响了环境及人体健康。因此，治理农村生活垃圾污染势在必行。从 2014 年开始，我国全面启动农村生活垃圾 5 年专项治理行动，力图扭转

---

* 课题主持人：朱新华，河海大学公共管理学院教授、博士生导师、副院长。

农村环境脏乱差的局面，并形成农村生活垃圾治理的长效机制[4]。目前，农村生活垃圾处理工作集中于：

（1）建设垃圾处理设施。建制镇和乡环卫专用车辆设备从2007年的约5万台和1万台分别增长到2017年的11.46万台和2.76万台。镇、乡垃圾中转站拥有量分别从2007年左右的2.25万座和0.46万座增长到2017年的2.77万座和1.04万座[5]。

（2）建立专项扶持资金。镇、乡垃圾处理资金分别从2007年的13.83亿元、1.15亿元增加到2017年的89.18亿元、10.16亿元。另外，村环卫资金的比例也从37％提高到46.1％[6]。

（3）启动专项治理计划。对生活垃圾进行处理的行政村比例从2007年的10％持续提升到2016年的65％，增加了55个百分点[1]，大多数行政村已经开展专项治理行动。以河南省为例，2018年，全省67个县（区）拥有逾13万名保洁员、913个乡镇装配2 115个垃圾中转站和转运桶、3 790辆垃圾运输车，2.35万个村庄装备逾7.3万辆保洁车、142.53万个垃圾收集桶[7]。

2. 农村生活污水治理

农村生活污水即农村居民在日常生活中产生的不能直接排放的废水。目前我国农村生活污水排放呈现上升趋势，据统计，2016年我国农村生活污水产生量为83.51亿～125.26亿立方米，对生活污水进行处理的行政村比例为20％[8]。大部分农村地区生活污水处理设施老旧甚至缺乏，处理技术和能力难以满足国家和地方要求的排放标准。农村生活污水处理工作主要集中在以下方面：

（1）建设污水处理设施。以安徽、江苏和浙江等省为例，截至2018年底，安徽省共有4 000多个省级美丽乡村中心村建设了农村生活污水处理设施。江苏省46个试点县（市、区）完成了近9 000个村庄生活污水处理设施建设，累计12 000多个村建有生活污水处理设施。浙江省到2016年底完成了21 278个建制村农村污水处理设施建设，2018年底基本实现规划保留村生活污水处理设施全覆盖[9]。

（2）投入污水整治资金。近年来，中央和地方农村污水治理力度不断加大。环境保护部、财政部积极推进农村环境综合整治，2008—2015年累计安排 314 亿元，支持 7 万多个村庄实施农村环境综合整治，重点治理农村生活污水垃圾等。到 2020 年，新增完成环境综合整治的建制村 13 万个[10]。

（3）制定实用技术指南。全国各地大多都制定符合了当地要求的技术指南。以河南省为例，原省环保厅为指导全省农村生活污水治理工作，专门制定并下发了《河南省农村环境综合整治生活污水处理实用技术指南》，对河南省农村不同地区生活污水的收集、选址、处理工艺、设计、施工运行管理提出了技术要求[11]。

3. 农村厕所改造

厕所是最基础的生活设施，也是农村基础设施建设中的短板。我国第三次农业普查结果显示，仅有 48.6% 的农户使用卫生厕所，仍有 2% 的农户没有厕所[12]。相关报告显示，我国乡村地区粪便产生的氮排放量显著高于城市地区，约有 50% 的乡村水源因此被污染。农村厕所革命工作主要集中在以下方面：

（1）建设农村无害化卫生厕所。2019 上半年，全国新开工农村户厕改造 1 000 多万户[13]。以我国中部某县农村为例，在原有旱厕的基础上，新增大量无害化公厕以覆盖全县农村地区满足基本需求。2018—2020 年，该县规划新建无害化农村公厕 401 座，每个行政村 1 座[14]。

（2）出台无害化厕所建设标准。2020 年，国家市场监督管理总局、国家标准化管理委员会批准发布《农村三格式户厕建设技术规范》《农村三格式户厕运行维护规范》《农村集中下水道收集户厕建设技术规范》等 3 项推荐性国家标准，科学有序推进农村户厕建设与管理。除此以外，各地大多立足于实践出台相关标准。江苏、山东、江西等省陆续出台了农村无害化卫生厕所建设标准，为区域性农村厕所改造提供了有力的技术支持。

（3）筹集无害化厕所改造资金。不同省份的农村都有相应的补贴政策，在厕所改革验收合格之后，便可以领取相应的补贴。以河北省为例，2014 年省级财政筹集近 4.8 亿元补助资金，市、县两级筹集改厕资金约 7.28 亿元，用于全省农村"连茅圈"清除和 3 227 个提升行动重点村旱厕改造[14]。为了让更多的农户可以用上卫生厕所，2019 年中央投资 70 亿元推进农村改厕工作。

4. 村容村貌提升

村容村貌不仅反映了农村自身形象和村民的生存环境，而且影响到农村生产发展和外部投资环境。在一部分农村，常见随意堆放杂物、柴草、垃圾的现象；村道两侧存在乱搭乱建、占道经营等问题；村内亦无固定垃圾投放点，无公共休闲绿地，排水、排污设施不配套。因此，做好村容村貌提升工作意义重大。村容村貌提升工作主要集中在以下方面：

（1）制定系统规划。以江西省为例，省新村办结合省情农情制定了《江西省农村人居环境整治三年行动实施方案》，把提升村容村貌作为改善农村人居环境的六大重要任务之一，要求各地主动对标，扎实稳步推进。坚持统筹规划、分步实施、沿线推进、连片建设，先行选择推动 30 个县开展县、乡、村和农户庭院四级美丽宜居试点建设，打造示范带[15]。

（2）完善基础设施。一是道路硬化。截至 2017 年末，全国农村公路里程达 400.93 万千米，其中乡道 115.77 万千米，村道 230.08 万千米，通硬化路面的建制村占全国建制村总数的 98.35%。二是安全饮水。2017年，全国建制镇供水普及率已达到 88.1%，乡达到 78.78%，村庄也达到 75.51%[16]。农村饮水安全工程圆满完成。三是危房改造。以陕西省留坝县为例，全县农村户籍常住人口 10 978 户，达到安全住房标准农户 10 954 户，占农村户籍常住户的 99.78%[17]。

（3）设立专项资金。为支持农村实现村容整洁，各级财政大多设立了专项资金。以河南省周口市为例，市政府对农村人居环境整治工作不断加大各级财政投入力度。据不完全统计，2018 年周口市共投入农村人居环境整治资金 18.66 亿元，以保障农村村容村貌提升工作的有序进行[18]。

（二）农村人居环境整治提升取得的成效

《农村人居环境整治三年行动方案》实施以来，各地各部门认真贯彻中央部署，围绕三年行动方案提出的七项重点任务并结合自身实际落实推进，取得了重大阶段性成效。村庄面貌发生明显变化，得到了农民群众的普遍认可。

1. 农村厕所革命取得明显进展

厕所改造的工作优先推进一类县，稳步推进二类县，指导三类县开展试点示范，以提高工作的精准性。《农村人居环境整治三年行动方案》实施以来，农村卫生厕所的普及率由 2016 年第三次农业普查的 48.6% 提高到 2020 年底的 68 以上%。

2. 农村生活垃圾治理成效显著

基本建成了农村生活垃圾收运体系，进一步完善了基础设施和保洁机制，推进了城乡环卫一体化。推进非正规垃圾堆放点的专项整治，开展农村生活垃圾分类和资源化利用试点示范，推进再生资源回收利用网络与环卫清运网络的"两网融合"，促进垃圾源头减量，积极探索垃圾减量化资源化处置利用的经验。截至 2019 年底，农村生活垃圾处置体系覆盖84%以上的行政村，大多数的农村生活垃圾能够得到及时的清理处置，86%非正规垃圾堆放点完成整治[19]。

3. 农村生活污水治理有序推进

各地因地制宜探索适宜的技术治理模式，支持重点地区加强农村生活污水治理设施建设，开展农村生活污水综合治理试点，组织开展农村黑臭水体治理。目前全国近 30% 的农户生活污水得到有效管控，农村生活污水治理水平逐步提高[19]。

4. 村庄清洁行动广泛开展

据统计，95%的村庄结合自身实际开展了清洁行动，动员了 4 亿多人参加，一大批村庄的村容村貌明显改善[21]。推行"三清一改"行动集中整治村庄环境脏乱差的问题，有力推动了农村环境整治工作由点向面的展开。

二、农村人居环境整治提升中存在的问题

（一）农民主体作用发挥不够

一是农民的环保意识有待进一步提升。受文化水平有限、传统生活习惯束缚及环境保护宣传教育不够到位等因素的共同影响，部分农民的环境保护意识落后，对生活垃圾造成的水体污染、空气污染、农作物、居住环

境等污染造成的危害性认识不足，对生活垃圾如何分类处理的知识相对匮乏，存在着将生活垃圾在自家门口倾倒和堆放，甚至在家前屋后、道路、农田、池塘里等随意抛洒的现象。

二是对农村人居环境整治工作的重要性认识有待提高。近年来，农村老龄化现象较为突出，一些上了年纪的农民对厕所卫生的重要性不够重视，再加上长期以来的生活习惯不易改变，在一些农村地区存在"一户两厕"现象，即政府部门协助修建了卫生厕所，但是原有旱厕未拆除或不愿意拆除，居民认为水冲式厕所浪费水电，对于某些收入不高地区，会增加居民支出，所以仍然选择使用传统旱厕。

三是参与积极性不高。一些地区在农村人居环境整治工作开展的过程中，出现了"民众参与少、独唱大戏难"的局面。尽管农村人居环境整治的最终目的是改善农民的生活设施条件，提高农民幸福生活指数，但部分群众却在这项工作中甘当一个旁观者，甚至还有人成为了"阻挠者"。一些地方"政府干，群众看"的现象依然存在，民众参与度不高。

（二）资金缺口大

近年来我国政府在农村环境保护的资金投入不断增多、力度不断加大。但同时依然存在着一定的资金缺口。环保部门从 2008 年开始实施"以奖促治"政策，设立农村环保专项资金（5 亿元）治理农村环境，支出比例仍不到当年同级财政环保投入（430 亿元）的 1.5%。到 2015 年，通过农村环保专项资金的投入，全国仅完成 6 万个建制村（只占全国总数的 10%）的环境综合整治任务，对我国整个农村人居环境整治工作而言只是杯水车薪[20]。为了使村容村貌提升工作落到实处，有些地区提出了由省、市、县、乡、村共同出资的办法。可是在实施过程中，由于受诸多因素的影响，有些省市的承诺不能及时兑现，而县乡级财政拮据，村级债务缠身，配套资金无法落实，建设项目不能如期开工。有的试点村道路建设已完成了工程招投标，农民自备的砂石料也已到位，但因资金到不了位，中标建设单位拒绝开工。有的试点村搞公路建设，为了节省投资，在规划上做文章，把双行路改为单行路，路面由宽变窄。

（三）重建轻管问题比较突出

一是污水处理设施运行维护机制不健全。农村生活污水的治理，不是一朝一夕能完成的，需要持续投入较多的资金和人力物力。目前，一些地区运行费用投入力度不够，也没有专门的监管人员监管生活污水治理工作，部分损坏的设备无法及时维修、水池堵塞无法及时处理，导致农村生活污水处理出现中断。

二是农村厕所改造缺乏高效管理保障机制。对于不同地区适用卫生厕所的选择，是否可以做到因地制宜；对于实地卫生厕所的设计，是否有进行专业设计；对于卫生厕所建设工程的质量标准，是否可以做到严格把控，这些问题都影响了卫生厕所的普及率及使用效果。此外，农村卫生厕所后续的运行管理、农村居民的宣传教育等配套机制尚不健全。如何保障农村卫生厕所长期高效运行，是当下人们必须考虑的重要问题之一。

三、发达国家农村人居环境整治经验

（一）日本：区域化布局与专项系统协同运作的农村人居环境发展之途

日本农村人居环境建设解决的首要问题是就是生活垃圾、生活污水处理问题。日本农村面积占据其大部分国土面积，有40%的人口居住在农村。生活垃圾、生活污水处理问题若不能有效解决，将直接影响乡村环境。日本政府在乡村环境保护、污水处理及垃圾分类回收方面做了大量工作，积累了经验，为日本优美的乡村环境奠定了基础。具体的工作包括以下几个方面：

1. 制定专项法律法规有效解决了农村生活垃圾问题

对于生活垃圾处理，一般采取分类回收和分类处理的方式，将生活垃圾分为可燃垃圾、不可燃垃圾及资源垃圾（金属、纸张、玻璃）3大类，并根据政府规定，在固定时间、固定地点放置，由专人沿居民区收集，并直接运往垃圾处理厂。在垃圾处理厂，根据种类不同，分类处理。资源垃圾可以循环再利用，可燃垃圾燃烧后可作为肥料，而不可燃垃圾经过压缩无毒化处理后可作为填海造田的原料。为推进垃圾分类回收，政府专门制定了《推进形成回收型社会基本法》，其中包括《废物管理和公共清洁法》《促进资源有效利用法》《容器和包再回收法》《家电再回收法》《食品再生利用回收法》等 7 项具体法律，专业系统的法律法规为垃圾的分类处理提供了有力保障[21]。

2. 官方机构与民间机构合作共同推进生活垃圾回收和污水处理工作

日本农村的生活污水治理则主要由行政机关、用户以及行业机构共同参与完成。行业机构包括设备制造公司、建筑安装公司、运行维护公司和污泥清扫公司等，这些第三方机构在生活污水处理方面发挥了重要作用。对于乡村生活垃圾的处理，日本政府除了通过城镇政府统一实施外，还允许社区居民自行组成团体，实施垃圾回收。为鼓励这种行动，政府会根据社区团体的垃圾回收量给予奖励。社区团体在政府相关部门登记后，可拟定垃圾收集的时间、地点，以及对旧纸、旧布、金属瓶罐等物品进行分类处置，然后由废品回收业者来回收。社区团体可根据自己的活动业绩进行奖金申请，每处理 1 千克的回收垃圾，可从市政府处获得 313 日元奖励，这些奖金可用于社区团体的一切活动。政府通过鼓励社会力量参与垃圾处理，既可节约政府开支，又能促进社区居民的相互交流，推动环保产业的发展，形成多方共赢的良好格局。

3. 开展提升村容村貌的造村运动

20 世纪 70 年代末的日本正处于快速工业化、城市化的过程中，农村一度陷入人才外流、农业萎缩的凋敝状态。造村运动的目的是以振兴产业为手段，促进地方经济的发展，振兴逐渐衰败的农村。造村运动的内容不断扩展到整个生活层面，包括景观与环境的改善、历史建筑的保存、基础设施的建设、健康与福利事业的发展等。随着时间的推移，造村运动又考虑到日本不同地区农村各自的特点不同而逐渐变为"一村一品"运动。"一村一品"是日本农民在造村运动中的发明创造，其实质是在政府引导和扶持下，以行政区和地方特色产品为基础形成的区域经济发展模式。"一村一品"的主要任务是按照区域化布局、专业化生产和规模化经营的要求，因地制宜地发展具有鲜明地域特色的主导产品和产业，进而形成产业集群，最大限度地实现农村劳动力的就地转移，促进农民增收，建设新农村[22]。

（二）德国：城乡等值化与政策法律措施并举的农村人居环境整治之路

在 20 世纪 50 年代，战后德国的大部分农村人居环境遭到了破坏，面临着设施修复、传统村落风貌被破坏、农民生活水平待提高等问题，德国"村庄更新"是以"农业结构更新"为重点，倡导乡村居民积极参与，注重乡村的整体发展和可持续建设，注重保护和塑造乡村特色形象，从下而上地开展乡村振兴。因此，从 20 世纪 50 年代开始，德国对农村地区进行了持续的更新发展规划，其农村人居环境的成效也随着"村庄更新"的推进而逐步显现出来。

1. 以城乡等值化为目标的农村人居环境整治路径

1965 年，基于《联邦德国空间规划》，巴伐利亚州制定了《城乡空间发展规划》，将"城乡等值化"确定为区域空间发展和国土规划的战略目标，其宗旨是通过土地整理、产业升级等方式，保证土地资源的合理利用，使城乡居民具有同等的生活、工作及交通条件，实现乡村与城市生活的等值化[23]。主要措施包括：在规划和行政体制方面推行平行管理制度，乡村与城市规划建设管理各成体系，职权相互独立；制定乡村土地、税收等优惠政策，引导鼓励企业、高校、科研机构和个人到乡村地区发展，增加乡村就业机会；着力提升农村地区公共服务和基础设施水平，加强生态环境保护、建设优美宜居生活空间，创造与城市等值化的乡村生活和就业条件。由此可见，德国在城镇化过程中，选择的这种小城镇与城市的"等值"发展，而非"同质"化的思路对其人居环境的提升起到了基础作用。

2. 注重将改造农村人居环境与周边自然环境相结合

德国村庄更新过程注重在空间布局形态上延续和挖掘原有农村居住区的布局肌理、历史特征。一方面，德国政府在 20 世纪 50 年代就开始实施《土地整理法》，将原本分散的土地区块重新组合成符合规模运作的完整区块，强调通过土地整理改善生态环境，提前规避了农村发展过程中可能产生的经济效益与人居环境整治冲突的矛盾[24]。另一方面，政府组织重新整理交通设施、兴修水利、改良排水灌溉工程，对土地进行了改良工作，促进了土地开发和农业技术进步，同时较大程度地改善了农村农业结构及整体生态环境。在村庄更新过程中，注重确定社区结构和道路系统及开敞空间系统，符合当地村民的生活习惯和民俗特点。

3. 注重利用农村人居环境整治规划实现对要素的有机整合

在规划中，强调对生活污水排放、垃圾处理设施、道路铺装等的统一布置，既全盘考虑，又顺应自然。在农村生活污水的处理方面，村庄在规划建设之前，必须要找到一处地形合理、土壤适宜的湿地，利用湿地吸收的方式对经过初次处理的家庭污水进行二次处理，之后排入江河，可有效保持河湖水体清洁。在生活垃圾处理方面，德国农村实行系统的垃圾分类政策，日常的生物垃圾通过专门的生物垃圾桶被收集、切碎，并与真空管道系统收集的黑水一起汇入居住区的技术处理中心。处理后的垃圾被用于居住区的绿化养护或者卖给临近的农业联合组织。

4. 制定完善的配套法律和政策

在村容村貌的整体提升上，本着"城乡等值化"的思路，德国政府法律与政策措施并举，制定实施了一系列公共政策。主要包括三个方面内容：一是为了保护农业用地和农产品价格等，以《农业法》为基础颁布了一系列法规；二是建设高素质的管理队伍，完善管理机构；三是在政府的大力支持下建立由农民、地方政府和国家共同分担的村镇建设投资机制。同时在具体措施上，德国注重基础设施和社会服务设施建设的政策。为了提高村镇居民生活的舒适度，德国政府首先实施了注重基础设施和社会服务设施建设的政策，来改造村镇的居住环境，使农村的供水、供电、供热等生活配套设施齐备完善，基本实现了公路的村村通，幼儿园、九年制义务教育的学校以及文化体育设施一应俱全。其次是实施严格的农村建设审批政策。农村建设项目的选择必须通过专家论证及有关部门批准后方可实施，这样的村落建筑从整体上看十分协调优美，而且能体现出地方特色和乡土气息。同时在农村建设过程中注重环境建设规划。德国法律在环境保护方面有着明确的规定："任何项目的建设都要保证绿地总量的平衡，决不允许未经处理的污水排放。50人以上的村庄必须进行污水处理，乡镇政府所在地一般都建有污水处理厂"。德国政府鼓励公众参与村镇建设的政策。任何一项村镇建设项目，如果没有经过公众的民主讨论，都不能申报立项，从项目立项到最终的建设管理，都十分注重农村民众的参与。

（三）经验启示：政府为主导，农民为主体，政策为工具

1. 坚持政府主导是保障科学性和可持续性的前提

总结日本和德国的经验可以看出，坚持政府主导是保障农村人居环境整治工作科学性和可持续性的前提。政府应从加大支持、完善规划两方面着手。首先，政府的支持包括政策、资金和技术支持。这不但为农村人居环境整治提升提供了必要的建设资金、良好的技术支撑，指出了其宏观发展方向，还唤起了各基层政府改善农村人居环境的积极性，形成了城乡协调发展的局面。其次，科学、合理的规划是做好农村人居环境整治提升工作的重点。在规划中，要综合考虑各项设施的配置和标准，既要符合现代化的要求，又要考虑农村的长远发展。要严格控制用地规模，科学合理用地保护耕地，建设特色乡村。同时，规划不但要具备综合性、科学性、超前性、务实性，而且还要具有权威性，即规划一旦得到批准，就必须按规划实施建设，不能随意更改。

2. 尊重农民主体地位是良好实施效果的必然要求

充分调动农民积极性对于加快村镇建设有着重要促进作用。农民是农村生产力中最活跃的因素，是农村生产关系中的主导力量。农业的发展、农村的繁荣、农民的富裕归根结底都要依靠农民。只有尊重农民的主体地位，才能使建设新农村成为农民群众的自觉行动，才能把农民中蕴藏的巨大积极性和创造性最大限度地激发出来，为农村人居环境建设提供永不枯竭的动力支撑。在市场经济条件下，农民已成为农村经济活动的主体，新农村建设相当部分的资金来源可以由农民来筹措，政府也应扩大公共财政覆盖农村的范围，并调动社会力量积极参与，让农民真正受益。必须要有好的政策机制，保证农民的有效参与，农村人居环境整治提升工作才会取得显著的成效。

3. 构建完善的政策体系是农村人居环境整治的重要手段

完善的政策体系在农村人居环境整治提升全过程中具有重要作用。在我国农村人居环境整治的实践中，政策体系不完善是迫切需要解决的现实

问题，一定程度上导致农村人居环境整治提升工作推进不顺畅。因此，"十四五"期间，需要加大力度构建完善的政策体系。一要通过政策强化农村人居环境整治的能力建设，二要推进运营和管护机制创新，三要建立完善的支持政策。

四、"十四五"农村人居环境整治提升政策体系构建

针对当前农村人居环境整治存在的问题，"十四五"时期，应着重从加强能力建设、创新设施运营和管护机制、完善配套支持政策三个维度构建农村人居环境整治提升政策体系。

（一）加强农村人居环境整治提升能力建设

能力建设是改善农村人居环境的重要保障，在农村人居环境整治政策体系中，需要强化的能力建设主要包括农民参与能力、建设资金获取能力、政策执行及监管能力。

1. 落实农民主体责任，提高农民参与能力

切实提高农民参与能力有利于充分发挥农民在人居环境整治提升中的作用。一是强化农民主体责任意识。农民既是农村人居环境整治的参与主体，也是受益主体。只有明确农民在农村人居环境整治中的作用、地位和受益，才能让农民清醒地认识到农村人居环境整治的重要价值，从而积极能动地参与农村人居环境整治。二是加强农民参与组织建设。以党的基层组织建设为核心，结合农民群体的地缘、血缘、业缘关系，培育发展各类服务性、公益性、互助性乡村社会自组织，提升农民的组织化水平及合作能力，将分散性和原子化的小农组织起来，形成农村人居环境整治的组织性力量。三是拓宽农民参与渠道。充分发挥门户网站、自媒体、公众号在推进农村人居环境整治信息公开中的主渠道作用，引导农民积极参与。通过听证会、论证会、座谈会等多种形式，及时听取农民的意见和建议，提高农村人居环境整治决策质量。

2. 创新投融资机制，提高资金获取能力

农村人居环境整治提升资金投入量大、投资时间长，当前资金不足、

筹资渠道单一、投融资结构不合理、资金到位率低的问题普遍存在。需要创新投融资机制,构建"财政资金为主导,社会资本为中坚,集体资产为补充"的资金筹集体系,多渠道筹措资金。一是整合财政资金。统筹利用国土整治、土地出让收益、农业综合开发、农村清洁工程、环境综合整治等相关涉农项目资金,提高财政资金使用效率。二是吸引社会资本。通过政策引导,吸引社会资本以项目总承包、PPP 合作等形式参与农村人居环境整治。优选专业化公司负责公共厕所、垃圾转运站、污水处理厂等设计、施工安装、运行维护等全过程的资金投入。三是盘活集体资产。盘活利用集体废弃地、边角地等闲置土地,优先用于建设环保基础设施;探索农村集体资产股份质押融资办法,创新"农股宝"等金融产品,把更多金融资源配置到农村人居环境整治等重点领域和薄弱环节;引导集体经营性收入用于设施设备日常维护支出。

3. 完善监管机制,提高执行能力

政策的执行能力与监管能力决定了一项政策能否达到预期效果。一是提高方案执行能力。依据农村人居环境整治提升的目标制定合理的实施方案,通过实施进度管控、实施成效评估以及资金保障来保证方案的执行。二是提高利益协调能力。明确村集体组织作为利益协调的主体,拓宽农民群众利益诉求表达途径,避免因利益冲突而导致人居环境整治方案无法执行。三是提高执行监督能力。发挥党政机关、社会组织、农民群众在农村人居环境整治提升政策执行过程中的监督作用,构建起"党政机关监督执行干部、社会组织监督执行成效、农民群众监督执行过程"的立体化农村人居环境整治监督体系。

(二) 创新设施运营和管护机制

农村人居环境整治提升工程"三分建,七分管"。针对农村人居环境设施建设存在的"重建设轻管护"问题,创新设施运营和管护机制是关键。

1. 明确主体、落实责任

在明确设施权属的基础上,统筹考虑建设资金来源、受益群体等因素,明确县(市、区)级政府为责任主体、乡镇政府为管理主体、村级组织为落实主体、农户为受益主体以及第三方专业服务机构为服务主体的农村人居环境整治设施运营和管护责任体系。

2. 因地制宜、分类施策

根据设施用途、经营属性、回报收益等因素，农村人居环境设施分为非经营性、准经营性和经营性三类。一是完善非经营性设施政府或村级组织管护机制。非经营性设施由地方政府或村民自治组织分别管护，鼓励通过购买服务、设立物业管理机构和公益性管护岗位等方式进行管护。二是健全准经营性设施多元化管护机制。准经营性设施由运营企业、村级组织和地方政府共同管护，运营管护企业可采取市场化方式择优确定。三是创新经营性设施市场化管护机制。经营性设施由运营企业自行管护，也可委托第三方管护；同时，激发农民主体责任意识，发挥农民主体作用，创新农民管护员制度。

3. 建管并重、长效运行

按照"建管一体"的要求，坚持先建机制、后建工程。在项目规划设计阶段，就明确设施管护主体、管护责任、管护方式、管护经费来源等。在项目竣工验收时，同步验收管护机制到位情况。建立起有制度、有标准、有队伍、有经费、有督查的农村人居环境设施运营和管护长效机制，确保项目长期发挥效益。

（三）完善配套支持政策

以产权制度为基础、以规划管控为抓手、以技术研发为支撑，建立三位一体的配套支持政策体系。

1. 完善产权制度

结合农村集体产权制度改革，完善农村人居环境设施产权制度。由财政资金投入建设的，产权归承担项目实施责任的地方政府或其授权部门所有；明确划归村级组织或由村级组织通过自主筹资以及接受政府补助、社会捐助等建设的，产权归村级组织所有。由企事业单位投资兴建的经营性公共基础设施，产权归投资主体所有。同时，推动各类农村人居环境设施确权登记颁证，建立产权信息管理平台，实行信息化、动态化管理。

2. 加强规划管控

以村（社区）为单位，按照实用、宜居、宜业、生态等原则，区分城郊型、生态型、纯农业型、历史文化名村等不同类型，编制村庄规划和农村人居环境整治提升方案，并按照分类施策原则确定整治内容。比如，经济薄弱村可先着力农村生活垃圾、污水治理等重点领域；东部富裕村可提升整治标准，通过顶层设计，推动系统整治；对已确定易地搬迁的村庄、拟调整的空心村等可不列入整治；对传统古村落既要改善环境也要保护乡村风貌。

3. 依靠技术支撑

技术支撑在一定程度上决定了农村人居环境设施运营的可持续性。"十四五"期间，农村人居环境技术支持政策的重点：一是加快绿色技术研发。针对农村生活垃圾、污水治理等重点领域，加强环境标准、环境预警防控、环境政策效应等技术研究，推进核心技术集成，积极探索建立绿色技术研发、管理体系。二是推广应用绿色科技成果。通过建立一体化农村人居环境整治技术服务体系，健全农村人居环境整治的技术示范推广支撑体系。通过搭建技术开发公司和农村农民的互动平台，强化技术研发、示范项目转化，提高农村人居环境整治技术的可用性、便捷性和实用性。

参 考 文 献

[1] 操建华．乡村振兴视角下农村生活垃圾处理 [J]．重庆社会科学，2019（6）：44-54.

[2] 于法稳，侯效敏，郝信波．新时代农村人居环境整治的现状与对策 [J]．郑州大学学报（哲学社会科学版），2018，51（3）：64-68，159.

[3] 聂二旗，等．中国西部农村生活垃圾处理现状及对策分析 [J]．生态与农村环境学报，2017，33（10）：882-889.

[4] 张敏，等．我国部分地区农村生活垃圾处理现状及模式 [J]．中国沼气，2016，34（2）：89-95.

[5] 中华人民共和国住房和城乡建设部．中国城乡建设统计年鉴 2016 [M]．北京：中国统计出版社，2017：132-202.

[6] 中华人民共和国住房和城乡建设部．中国城乡建设统计年鉴 2017 [M]．北京：中国统计出版社，2018：130-195.

[7] 常亚丽，陈振威．河南省农村生活垃圾处理现状及建议［J］．现代农业科技，2019
    (11)：171-173.

[8] 于法稳，于婷．农村生活污水治理模式及对策研究［J］．重庆社会科学，2019 (3)：
    6-17，2.

[9] 姜珊，等．华东地区农村生活污水治理问题分析与对策建议［J］．安徽农业科学，
    2020，48 (5)：75-77.

[10] 夏玉立，等．国外农村生活污水治理经验及对我国的启示［J］．小城镇建设，2016
    (10)：20-24.

[11] 周凯，等．河南省农村生活污水治理现状及政策建议［J］．农业现代化研究，2019，
    40 (3)：387-394.

[12] 王永生，刘彦随，龙花楼．我国农村厕所改造的区域特征及路径探析［J］．农业资
    源与环境学报，2019，36 (5)：553-560.

[13] 河北：农村改厕取得突破性进展［J］．中国卫生，2015 (1)：16.

[14] 石炼，等．中部地区某县农村"厕所革命"专项规划实践研究［J］．给水排水，
    2019，55 (6)：16-21.

[15] 姜学青．全面提升村容村貌助推改善农村人居环境［J］．江西农业，2019 (5)：
    42-43.

[16] 卢宪英．新中国 70 年村容村貌变迁与村庄规划［J］．中国发展观察，2019 (22)：
    36-38.

[17] 百乡万户陕西调研组．村容村貌换新颜　村民生活大变样［J］．农村工作通讯，
    2019 (7)：45-46.

[18] 王泉林．关于我市村容村貌提升情况的调研报告［N］．周口日报，2019-07-24
    (6).

[19] 李伟国．扎实搞好农村人居环境整治［R］．农业农村部，2020.

[20] 史韵，施晓琳．我国农村生活垃圾管理问题探讨［J］．课程教育研究，2018 (46)：
    1-2.

[21] 贾小梅，等．中日农村环境管理对比及对中国的启示［J］．中国环境管理，2019
    (2)：5-9.

[22] 夏语婕，周玉新．发达国家农村人居环境建设的经验及其启示［J］．中国林业经济，
    2020 (3)：73-75.

[23] 万涛，等．农村集体性建设用地统筹利用的机制探索—德国土地整理实践的启示
    ［J］．城市规划，2018 (9)：54-60.

[24] 聂梦瑶，杨贵庆．德国农村住区更新实践的规划启示［J］．上海城市规划，2013
    (5)：81-87.

农村人居环境整治农民主体作用机制研究[*]

改善农村人居环境，建设美丽宜居乡村，是全面实施乡村振兴的重要任务。《农村人居环境整治三年行动方案》（以下简称《方案》）提出要"动员各方力量，整合各种资源，强化各项举措，加快补齐农村人居环境突出短板"，强调了发挥农民主体作用，即基层组织、农民及村社组织参与到农村人居环境整治的"规划、建设、运营、管理"中。那么，农民主体作用体现在哪些方面？存在哪些问题？如何保障长效性？

一、农村人居环境整治中农民主体作用机制的理论建构

农村人居环境整治内容丰富，涉及农业农村生产生活方方面面，如生活垃圾与农业生产废弃物治理、厕所粪污治理、村容村貌治理等。项目不同，农民主体作用的方式各不相同。此外，根据《方案》要求，农民主体作用要体现在"规划、建设、运营、管理"中。由此，可建构出农民主体作用机制的横纵轴。

（一）横轴：农民参与农村人居环境整治项目

1. 生活垃圾治理

在农村人居环境整治项目中，生活垃圾治理更需要农民的积极参

* 课题负责人：刘骏，武汉理工大学马克思主义学院副教授。感谢文国璋、王艺琳、黄鋆等人对调研和数据分析的参与。

与，农民有责任也有能力发挥更大作用。参与是最好的教育，积极参与可有效避免"破窗效应"并养成垃圾分类习惯。机制设计上可因地制宜进行创新，如浙江金华金东区的"二次四分法"，农民只需将垃圾分为"腐烂"和"不腐烂"两类，再由保洁员将"不腐烂"垃圾分为"能卖""不能卖"两类。既降低了垃圾分类难度，又提升了各方参与积极性。

2. 厕所粪污治理

农村厕所革命开展以来，各级地方政府高度重视，采取有力措施扎实推进，不断强化宣传引导。但部分地区农民如厕习惯仍一时难以扭转，且存在"简单等靠要"心理，导致一些地方农村厕所不好用，粪污治理不到位。因此，在后期厕所粪污治理中应考虑农民的需求，以改进如厕习惯为切入点，发动农民自我管理、自我服务。如组建公厕义务监督队，对农民使用与维护设施进行监督，同时督促相关部门更好地回应农民诉求。

3. 生活污水治理

大部分农民对于生活污水治理已经形成较高认知，积极参与并配合政府各项举措和项目建设。但对于生活污水处理设施，少数农民还存在邻避心理，即支持设施建设但排斥建在自家或附近。要破除邻避心理，可以以环境综合治理替代单一污水治理，将其与休闲景观建设、社区建设融为一体。如广东省普宁市将生活污水治理与村容村貌改善、景观建设、湿地保护等集成，调动了农民主体作用，取得了较好整体效果。

4. 村容村貌治理

前三项与村容村貌治理最大的区别在于，前者是由技术和设施构成的"硬环境"，后者则更侧重于文化与精神构成的"软环境"，难以依靠短期的运动式治理来达成，必须以农民作为主体。村容村貌是农民日常生产生活中习惯、态度、精神在环境上的投射，要改变村容村貌不能完全依赖技术层面，而是要从根本上改变农民的面貌。如借助村约村规等方式，实现农民的自我监督、自我完善（图1）。

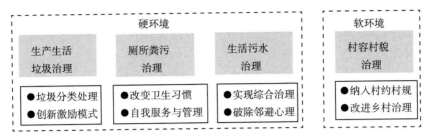

图 1　农民参与农村人居环境整治项目

（二）纵轴：农民参与农村人居环境整治流程

1. 对整治规划的参与

《方案》指出，农村人居环境整治规划的编制应体现科学性、实用性与合理性。要满足该要求就必须发挥农民主体作用，因为农民对于自身生活环境的感知最为敏感，诉求也最为直接。因此，在农村人居环境整治规划中要充分考虑农民诉求，建立良好的沟通、协商机制，共同拟定规划方案。此外，农民群众积极参与农村人居环境整治，也有助于提升政策认同度与集体行动达成度。

2. 对项目建设的参与

农民参与项目建设可分为两类：一是个体农民投工投劳；二是村社组织根据能力承接村内道路、植树造林等小型整治项目。农民参与项目建设既符合"谁受益、谁建设"的逻辑，又能发挥农民"个人生活化的经验认知"和"社区内的生活常识"的作用。对于力不能及的项目，农民也可以以"受益者——监督者"的身份参与每个步骤，敦促项目的落实。

3. 对项目运营的参与

项目建设只是农村人居环境整治的第一步，更重要的在于后期运营，如净化设备、村庄道路的管护等。农民生于斯、长于斯，是最适合的维护者与管护者。可对农民进行一定培训，使其成为项目运营维护的重要力量。农民也可充分发挥其社会网络与社会资本的作用，形成榜样效应，提升农民维护环境及设备的自觉性与主动性。

4. 对效果管理的参与

农村人居环境整治的效果不仅取决于项目建设的推进，更取决于农民生产生活习惯的改进，对于后者其他主体无法代劳。要想保障效果的可持续性与长效性，就要提升农民的环境保护意识、改进生产生活习惯，如落后的习俗要移风易俗、不环保的生产方式要迭代。在具体管理方式上，要以尊重农民的意愿为基础，要以农民乐于接受的方式进行思想教育和行为约束（图2）。

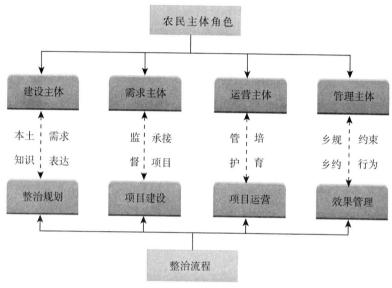

图 2　农民参与农村人居环境整治流程

二、农村人居环境整治中农民主体作用机制的现状分析

农村人居环境整治工作推进中，农民主体作用机制是否运行并起到了效果？我们通过全国部分地区调研数据进行实证分析，研判理论与现实的差距，进而查找问题。

（一）指标体系设计与数据采集情况

根据前述理论建构，搭建了实证分析的指标体系（表1）。一级指标分为人口信息、主体作用意识、主体作用机制、作用保障机制、整体效果评价。其中，主体作用意识考察的是农民对自身作用的认知，主体作用机制依据横纵轴分为项目参与和流程评价，作用保障机制是农民主体作用发挥的保障举措，整体效果评价是农民对当前农村人居环境整治成效的认知。

表 1 指标体系表

问卷指标体系			
一级指标	二级指标	一级指标	二级指标
人口信息	年龄		垃圾分类
	性别	项目参与	污水处理
主体作用意识	话题意识	主体作用机制	厕所革命
	参与意识		村容村貌
	动员意识		议题讨论
	反馈意识	流程参与	项目公示
	监督意识		项目决策
	责任意识		决策落实
作用保障机制	政策宣传		垃圾分类效果
	垃圾分类培训	整体效果评价	污水处理效果
	污水处理培训		厕所革命效果
	奖惩措施		村容村貌效果

项目组 2020 年 7—10 月间对广西壮族自治区玉林市、福建省泉州市、安徽省阜阳市、山西省晋城市、江西省上饶市、湖北省枣阳市、湖北省荆州市、湖北省宜昌市下属的 24 个村庄进行了数据采集（表 2）。

表 2 调研及数据采集情况

调研区域	具体农村	问卷发放	有效回收	调研区域	具体农村	问卷发放	有效回收
广西壮族自治区玉林市	谷山村	42	39	福建省泉州市	车前村	11	11
	潘岭村	15	12		官洋村	6	5
	周埠村	13	11		新桥村	14	12
	凤村	12	12		新告村	5	4
	钟周村	13	11	湖北省宜昌市	洋坪村	30	26

（续）

调研区域	具体农村	问卷发放	有效回收	调研区域	具体农村	问卷发放	有效回收
湖北省枣阳市	兴隆镇	18	17	安徽省阜阳市	樊马村	8	6
	太湖农场	21	18		王焦村	10	9
	沙口村	15	12		彭集村	6	5
湖北省荆州市	垱林村	21	18	山西省晋城市	浙水村	10	9
	同心村	36	34		北街村	13	10
	向湖村	13	12		松庙村	11	11
	木垸村	11	7	江西省上饶市	松甫村	8	5
					雷村	6	3

（二）描述性分析与结构方程模型

1. 描述性分析

对问卷进行基本描述性分析，得到如下结果（表3）。

表3 描述性分析表

一级指标	二级指标	指标赋值	频数	比例	一级指标	二级指标	指标赋值	频数	比例
主体作用意识	话题意识	完全没有	26	8.20%	人口信息	年龄	18~28	47	14.70%
		较少	94	29.50%			29~35	64	20.10%
		一般	119	37.30%			36~65	180	56.40%
		较多	55	17.20%			66岁以后	28	8.80%
		非常多	25	8%		性别	男	140	43.90%
	参与总识	不愿意	12	3.40%			女	179	56.10%
		不一定	71	22.30%	主体作用机制	项目参与	垃圾分类	没有	50	15.70%
		愿意	236	74%				不确定	69	21.60%
	动员意识	不愿意	11	3.40%				有	200	62.70%
		不一定	71	22.30%			污水处理	没有	44	13.80%
		愿意	237	74.30%				不确定	100	31.30%
	反馈意识	不愿意	15	4.70%				有	175	54.90%
		不一定	76	23.80%			厕所革命	没有	67	21%
		愿意	228	71.50%				不确定	64	20.10%

（续）

一级指标	二级指标	指标赋值	频数	比例	一级指标	二级指标	指标赋值	频数	比例
主体作用意识	监督意识	不愿意	27	8.50%	项目参与	厕所革命	有	188	58.90%
		不一定	82	25.70%			没有	43	13.50%
		愿意	210	65.80%		村容村貌	不确定	127	39.80%
	责任意识	不清楚	39	12.20%			有	149	46.70%
		不确定	48	15%	主体作用机制	议题讨论	完全没有	23	9.70%
		清楚	232	72.70%			基本没有	32	17.60%
作用保障机制	政策宣传	没有	39	12.20%			不确定	75	26.70%
		不确定	86	27%			偶尔有	102	28.80%
		有	194	60.80%			经常有	87	27.30%
	垃圾分类培训	没有	39	27%		项目公示	完全没有	19	6%
		不确定	86	22.30%			基本没有	36	11.30%
		有	162	50.80%			不确定	88	27.60%
	污水处理培训	没有	70	21.90%			偶尔有	86	27%
		不确定	92	28.80%			经常有	90	28.20%
		有	157	49.20%	流程参与	项目决策	非常不满意	20	6.30%
	奖惩措施	完全没有	31	9.70%			比较不满意	28	8.80%
		基本没有	56	17.60%			不确定	83	26%
		不确定	117	26.70%			比较满意	145	45.50%
		有设置	92	28.80%			非常满意	43	13.50%
		有设置且落实比较到位	23	7%		决策落实	非常不满意	21	6.60%
整治效果评价	垃圾分类效果	非常不满意	30	9.40%			比较不满意	39	12.20%
		比较不满意	69	21.30%			不确定	75	23.50%
		不确定	72	22.60%			比较满意	138	43.30%
		比较满意	114	35.70%			非常满意	46	14.40%
		非常满意	34	10.70%		监督效果	可能性非常大	40	12.50%
	污水处理效果	非常不满意	23	7.20%			可能性较大	49	15.40%
		比较不满意	40	12.50%			一般	127	39.80%
		不确定	138	43.30%			可能性较小	74	23.20%
		比较满意	76	23.80%			可能性非常小	29	9.10%
		非常满意	42	13.20%					

（续）

一级指标	二级指标	指标赋值	频数	比例	一级指标	二级指标	指标赋值	频数	比例
整治效果评价	厕所革命效果	非常不满意	28	8.80%	主体作用机制	流程参与	没有	64	20.10%
		比较不满意	45	14.10%		反馈渠道	不确定	70	21.90%
		不确定	75	23.50%			有	185	58%
		比较满意	131	41.10%			可能性非常大	46	14.40%
		非常满意	40	12.50%			可能性较大	42	13.20%
	村容村貌效果	非常不满意	5	1.60%		反馈效果	一般	117	36.70%
		比较不满意	27	8.50%			可能性较小	77	24.10%
		不确定	27	8.50%			可能性非常小	37	11.60%
		比较满意	157	49.20%					
		非常满意	103	32.30%					

2. 结构方程建模

根据理论建构，农民主体作用机制的完善能保障农民主体作用的发挥，进而提升农村人居环境整治的效果。反之则降低效果。因此，本项目选取结构方程模型中涉及调节作用的潜变量调节模型来描述上述关系。其中农民主体作用意识为自变量，主体作用机制和作用保障机制为调节变量，农村人居环境整治效果为因变量（图3）。

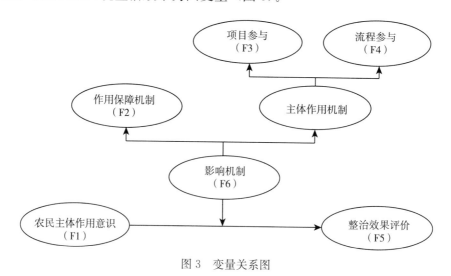

图3　变量关系图

表 4 修正后模型适配度检验情况

统计检验量	适配标准或临界值	模型修正前	模型修正后
$RMSEA$	<0.05（适配良好） <0.08（适配合理）	0.072	0.131
CFI	>0.9 以上（适配良好）	0.955	0.847
TLI	>0.9 以上（适配良好）	0.950	0.835
$SRMR$	<0.08（适配合理）（处理类别变量效果较差）	0.067	0.156
x^2 值	显著性概率值 $P>0.05$（未达到显著水平）	卡方 9 431.226； 自由度 276； $P=0.000<0.05$	卡方 9 431.226； 自由度 276； $P=0.000<0.05$

对模型进行检验和修正后（表4），进行潜调节效应结构方程模型的建构。我们建构了三个竞争性模型用以对比调节效应的效果，进而选取较优的模型来说明结论。从输出结果来看（表5），潜调节结构方程法在调节效应和主效应上均不显著，因此不考虑用其说明数据结果，而所有乘积以及配对乘积的模型，在农民主体作用对环境整治效果的路径系数分别为0.446，$P=0.000$，0.250，$P=0.000$，均通过了显著性假设，说明农民主体作用对环境整治效果起到显著的正向影响；就调节效应而言，作用机制与农民主体作用的交互系数分别为0.828，$P=0.000$，0.417，$P=0.000$通过了显著性检验，说明就现有的数据结果来看，作用机制对农民主体作用与环境整治之间关系起显著正向调节作用。

表 5 修正后的相关路径分析表

路径	潜调节结构方程法			乘积指标法（所有乘积）			乘积指标法（配对乘积）		
	标准化系数	标准误差	P值	标准化系数	标准误差	P值	标准化系数	标准误差	P值
F5←F1	−0.063	0.087	0.470	0.446	0.067	0.000	0.250	0.066	0.000
F5←F6	0.966	0.088	0.000	0.441	0.077	0.000	0.694	0.064	0.000
F5←F1×F6	0.039	0.060	0.522	—	—	—	—	—	—
F5←INT	—	—	—	0.828	0.057	0.000	0.417	0.035	0.000

注：只有当标准化路径系数至少在 $P=0.05$ 的水平下显著时获得的路径系数才是合理的。F1×F6为潜调节结构方程法的乘积项，INT 为乘积指标法的总乘积项，即交互效应系数。

（三）实证分析结论

1. 农民主体作用开始发挥，作用机制效果开始显现

实证分析结果显示，农民主体作用机制对农村人居环境整治的实际效果起到了较为显著的正向影响。这就是说，农民主体作用发挥越好，越能够推动农村人居环境整治的效果。此外，农民主体作用机制对农民主体作用与农村人居环境之间的关系起显著正向调节作用。这就是说，农民主体作用机制可促进农民主体作用更好地发挥，以此来提升农村人居环境整治的效果。

2. 农民群体有较强主体意识，但保障机制有待改进

从基本统计分析来看，农民在动员、监督、反馈等环节都有较强的主体意识，这与通常研究中设想的农民"搭便车"的结论不同。绝大部分农民越来越认识到环境对生产生活的影响，乐于参与到农村人居环境整治中，不再是坐享其成。但数据也显示，少数农民表示监督与反馈不能得到及时或令人满意的回应，对决策环节的参与也不足。这表明部分地区的保障机制与农民日益增长的主体作用意识还不甚匹配。因而，在行动环节、机制设计上要更关注对农民的回应，落实农民主体作用发挥的保障机制。

3. 农村人居环境整治效果存在地区差异，东部地区农民主体作用机制效果显著

比较分析发现，西部地区在资源投入、意识认知、机制设计上不及东部与中部。中部与东部也略有差异：中部许多地区多采取"宣传—教育"策略，即通过大规模宣传和培训活动来引导农民形成农村人居环境整治的意识；东部许多地区多采取"奖惩—行动"策略，即通过设置各种奖惩手段形成对农民行为的正向或负向强化，进而达到引导的目的。"宣传—教育"策略的主体依然是地方政府，农民相对被动，因而其主动意识较东部略低。"奖惩—行动"策略是依托对行为的强化来达到行为激励与约束，因此更强调农民主体作用的具体发挥。从效果来看，东部较中部更好，可以说是充分发挥农民主体作用带来的影响。

4. 农村人居环境整治侧重前期投入，农民主体作用机制侧重前期参与

从数据分析及实地走访来看，地方政府及基层组织十分重视各种资源的投入，加强环境硬件的建设。此外，地方政府还加大了宣传力度，鼓励农民参与建设过程。不过，对于是否重视后期维护，目前尚缺乏充分数据来支撑。根据现有材料及数据，农民关于整治规划与决策的参与的满意度较高，但农民关于项目建设与运营、效果管理的参与的满意度偏低。同时，农民对于主体作用的监督机制和反馈机制的满意度也相对较低，表明这两种机制不如规划决策机制发挥得有效。当然，不同地区这一问题的程度存有差异，如西部地区更加凸显，因此需要有针对性地加以解决。

三、农村人居环境整治中农民主体作用机制的个案剖析

量化研究有助于整体把握农民主体作用机制与农村人居环境整治效果的关联，但也存在如下不足：一是没有考虑整治行动的层级性，如《方案》就对庭院内部、房前屋后及村内公共空间进行了区分；二是缺乏对农民主体类别的细分，如普通农户、基层党员、村社组织等，两者作用机制存在差异。为了弥补量化研究的不足，我们辅之以质性研究中的扎根理论，以"解剖麻雀"的方法，还原农村人居环境整治中农民主体作用机制的全貌。

（一）研究设计与个案选取

1. 研究流程

首先，确立开放性议题，选择代表性对象，并制定访谈提纲，进行理论性抽样并进行访谈。其次，通过资料整理实现概念化，借助 NVivo 软件进行开放编码，析出核心范畴直至信息饱和。最后，形成理论性概念，建构模型并进行评价（图4）。

2. 研究对象选择

我们采取分层目的性抽样的策略，对研究现象进行分层，剖析同质性较强的层次内部的具体情况。我们选取了湖北省荆州市沙市区进行个案研究，其原因在于：荆州地处江汉平原，农业发展水平较高；荆州沙市区农村类型多样，囊括了农业型农村、开发区农村与郊区农村三种类型，每种类型农村人居环境整治的特点较为突出。

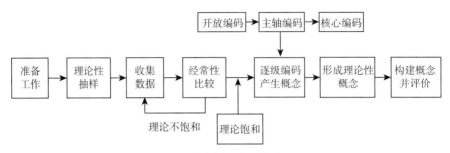

图 4　个案剖析的研究流程

3. 资料采集

访谈流程如下：介绍访谈目的，得到访谈资料授权；依据访谈提纲进行访谈，有针对性的深挖当地农村人居环境整治中农民主体作用机制的实情。研究者与沙市区农业农村局局长、五位村支书以及部分基层党员、普通农民进行了面对面深度访谈，总时长约为 158 分钟，转录文字约 2.4 万字。

（二）对编码资料的分析

通过对转录文字的标签化、概念化与范畴化，析出的主轴编码有：效果、困难、策略—整治区分、策略—循序渐进、策略—教育引导、策略—多方参与、策略—创新机制。

1. 效果

农村人居环境整治的效果可从客观环境改进与主观心理感受两个方面来描述。就前者来说，效果可以轻易感知，尤其是整治项目及硬件设施的进场，给村容村貌带来的变化有目共睹，如近郊农村的管网改造和远郊农村的户厕改造。就后者来说，当地农民对近两年农村人居环境表达出较高满意度，甚至较之于城市形成某种自豪感。

2. 困难

访谈中谈到的最大困难是资金不足。目前农村人居环境整治主要是由地方政府负责推进，也即"政府管大头、村庄管小头"。对于地方政府来说，要投入的农村数量多、项目数量多，一时无法避免"僧多粥少"的现象。而村集体经济体量较小，一般也不具备充足资金。

农民个体缺乏配合意识也是一个难题。尽管绝大部分农民的环保意识及主体作用意识正在觉醒，但还有少部分农民思想观念未完全转变。如在向湖村发现"有位老农民家里顶棚年久失修，下雨天漏水也影响村容，我们想入户帮忙维修受阻，老农民不希望我们动他的房子，表示就算是漏水他也乐意"。可见，要实现全体农民意识的根本性转变，还有一段路要走。

3. 策略—整治区分

农村人居环境是个宽泛的概念，地方政府在推进整治工作时也认识到这一点，在整治策略和行动上进行区分对待。如对街道管网的更换、疏通，超出了单个村庄和农民的能力范围，属于"大环境"层面。在村域范围的街道整修、沟壑疏通等工程，是可在村庄内由农民或村级组织投工投劳进行建设的，属于"小环境"层面。在农户家庭范围的房前屋后的环境维护、卫生清扫等，可依靠农民自身力量来完成，属于"微环境"层面。

根据不同环境特征与层次，可采取整治区分策略（图5）。大环境因其对人力物力投入的大量需求，只能以地方政府为主体来整顿，这是小环境和微环境整治的前提。各村的村容村貌以自然环境为基础，只能依靠各村因地制宜进行规划。而农民对于自己房前屋后的微环境有着较强的领地意识，依靠农民自身去治理更符合实际。无论是地方政府还是村委会，要多加思考如何引导农民而不是代替农民做出行动，这也是农村人居环境整治的核心以及难点。由于每个层次采取的整治方法不同，短期整顿和长期治理

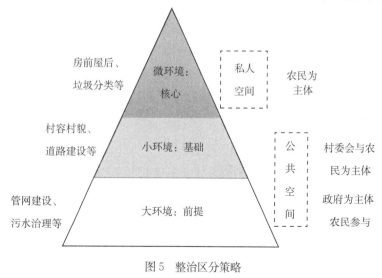

图5 整治区分策略

在不同环境下的要求和效果不一，因此将整顿和治理区分开来也是重要策略。

4. 策略—循序渐进

农村人居环境整治并非一蹴而就，考虑到各地的基础条件以及资源情况，它应当是循序渐进的过程。如沙市区政府在 3 年时间里进行 6 项行动攻坚，采取示范试点观摩等系列方法督促各部门、各个村。在有力规划和整体部署下，各村农民主体作用机制逐步形成并发挥作用。随着环境逐步改善，农民的认知和态度也在逐步改变，反思并改变先前的不良习惯。这一过程也是循序渐进的，它既决定了农村人居环境整治的长期性，也决定了农民主体作用机制的长效性。

5. 策略—教育引导

沙市区农村人居环境整治主要是由政府来主导，但对于"微环境"的整治，单纯依靠政府主导便会产生问题。如向湖村的村干部指出"小部分农民对农村人居环境整治是一种观望心态，随便你们（政府和村委会）怎么搞，甚至在道路边开垦菜田，破坏了村容村貌，要是动了这些菜地，农民就会不满"。《方案》指出，整治要以农民自愿为基础，不能完全依赖政府自上而下的行政命令，要发挥农民主体作用。因此，这就需要对农民进行教育引导。

具体包括：①宣传进村，即通过广播、公告栏、标语、字报等形式进行大范围的宣传，为农民主体作用机制发挥营造良好外部环境；②党员带动，基层党组织充分发挥党员的先锋模范带头作用，通过划定农村人居环境整治的党员责任田，实现党员的传帮带；③示范评比，沙市区在众多村庄中挑选出几个基础条件较好的村庄打造成为示范村、试点村，邀请其他村庄代表去参观，并在村庄中进行整治效果的评比来激发各村庄的积极性；④行动压力，在村庄内形成崇尚环境保护的风气，以环境保护为荣、以破坏环境为耻，在"面子"心态的驱使下，会给农民的行动造成某种压力，促使农民自发参与到农村人居环境整治中来。

此外，沙市区政府也尝试通过对村庄进行经济奖补来刺激其主体作用发挥。但以村为单位的奖励对农民个体的激励有限，其主体作用并未完全激发。东部部分地区采取"奖惩到人"或"奖惩到户"，以此充分激励农民参与到农村人居环境整治中。当然，这种举措需要以较高的经济水平为支撑，要根据当地实际情况量体裁衣。

6. 策略—多方参与

农村人居环境整治需要抛开传统的一元治理思维，因为在多元化、原子化的社会中，资源、行动与偏好呈现散布状、异质性，因此需要多主体协同来整合资源、行动与偏好，达成共建共治共享。农民主体作用机制的发挥同样需要考虑不同类型农民的参与。具体来说：①基层自治组织与农民的多方参与。农村人居环境整治是"一个巴掌拍不响"的，如果得不到农民的支持和参与，不仅难以推行，其结果也无法使各方满意。因此，地方政府十分重视基层自治组织和农民的主体作用。一方面，以各种形式动员各村委会等基层组织，形成强劲动力去实现整治目标。另一方面，对农民则是双管齐下，既通过各种宣传、驻村工作队等方式联系农民做好讲解与培训工作，又发动党员或利用"面子"心态和"熟人社会"等社会资本力量动员群众；②各农民主体的多方参与。农民是个宽泛的概念，《方案》对农民主体进行过细分。农民及其家庭是最主要的主体，不仅人数众多而且主要承担的是微环境的整治。党员是农民主体当中最为积极和先进的力量，党员的示范带头作用可为一般群众树立榜样。基层党组织是发动党员并对农民进行动员的载体，基层党组织力量的强弱某种程度决定了当地整治行动的凝聚力。合作社等村社组织是农民的合作组织，同样能够有效地动员农民，而且能够为农民提供各种培训。

7. 策略—机制创新

对村庄而言，应结合其实际情况，在考核压力的同时也应有柔性的改善空间。对农民主体应采用教育引导的方式推动自觉行动，整治房前屋后，维护公共环境。其措施应更为温和，强硬刚性的命令难以达到长期的目的。这都需要因地制宜进行作用机制的创新。

（三）农民主体作用机制的理论模型

通过扎根理论建立各范畴间的联系，最终各概念和范畴达到饱和，在概念和范畴的基础上建立了主轴译码典范模型（图6、图7）。

基于该模型，我们将"农民主体作用机制"的故事线概述如下：在客观基础上，采取多种策略发挥农民主体作用，实现效果提升。具体阐释如下：

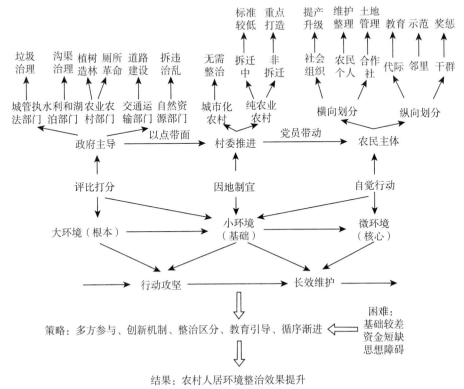

图6 农民主体作用机制的理论模型1

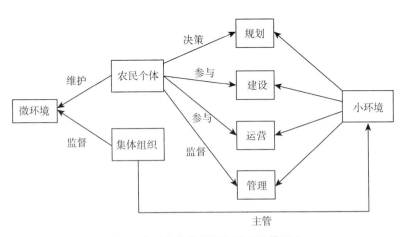

图7 农民主体作用机制的理论模型2

（1）从整治策略可看出，评比打分、因地制宜、自觉行动的创新机制会对政府主导、村委推进、农民主体的多方参与产生影响，也会对大环境、小环境、微环境的整治区分产生影响，而行动攻坚、长效维护的整治行动时间也有着不同的要求，因此策略中的各个范畴密不可分。

（2）整治行动的主体可划分为政府、村委、农民三类，不同主体内部又可进行更细的划分。区分不同主体并提高了各个主体间的合作强度，是农村人居环境整治策略中至关重要的一步。

（3）促进各主体的合作需要保障机制来引导。依据《方案》中"示范先行"原则，通过建立示范村，重点打造、全局推进，从而实现以点带面，帮助所有村庄有意愿、有目标地参与到整治行动中。在村庄内也建立示范点，发挥党员带头代表作用，进一步推动农民思想观念转变，化被动为主动，发挥主体作用。

（4）确定主体及其任务后，需要有明确方案约定各主体作用范围及行动机制。如村庄可依据实情，因地制宜地进行整治并制定评价体系，体现各个村庄的特色。再如农民则可按照《方案》的要求，以投工投劳或承接项目等多样化的方式参与到整治项目中。

（5）农村人居环境可分为大环境、小环境、微环境。大环境是前提，需要城乡统筹来完成建设管理，政府理应成为责任主体。微环境是组成农村人居环境神经末梢，是农民主体作用机制的主战场。小环境是承上启下的部分，由村庄集体和农民个体共同协作。

（6）整治行动存在阶段划分。当前，许多地区还处于大环境和小环境的建设阶段，通过行动攻坚的短期作战能够使环境的基础设施得到快速完善。但在此之后，则应当主抓小环境以及微环境，这就需要农民主体作用机制来保障后续阶段整治效果的长效性。

四、农村人居环境整治中农民主体作用机制的问题探讨

从量化分析和质性研究结果来看，农村人居环境整治工作取得了较好成绩，但也还存在有待改进的地方。

（一）农民主体能动性增强，但主体作用机制有待深入挖掘

研究显示，农民在农村人居环境整治上的能动性增强，并未普遍出现"搭便车"的现象。绝大部分农民对大环境、小环境的改善表达出强烈诉求，并以此作为微环境改善的前提基础。不过，农民主体作用机制的功能和效用并未充分展现，少数地区的农民还存在"有心无力""不知从何下手"的现象。结构方程模型的结论也印证了这一点：主体作用机制与农村人居环境整治效果间存在正向关系，但并非强相关。因此，要保证农村人居环境整治工作及其效果的长期性和长效性，还需在进一步增强农民主体能动性基础上，深入挖掘并创新农民主体作用机制。

（二）农民主体作用机制重前期规划、轻后期反馈

从调研来看，农民主体作用机制在规划决策方面起到了很好效果。农民对规划决策的流程及结果都较满意，但在后期反馈上的满意度却偏低。在走访中甚至有少数农民反映"现在是只管建，但是建好之后，怎么用、好不好用、管不管用，根本不去想"。典型的如污水治理，实际操作中未考虑充分生活习惯、后期维护等问题，也缺少问题反馈和监督渠道，造成农民主体作用机制的不完善。

（三）农民主体作用机制与知识储备、基础设施的不匹配

调研及走访显示，地方政府十分重视农村人居环境整治的宣传，但少数地区存在重宣传、轻培训的现象。典型的如垃圾分类，尤其是中西部地区，农村年轻劳动力外流，留守农民对知识接受度偏低，导致主体知识储备与主体作用机制不能很好的匹配。此外，少部分地区在基础设施配套上也存在不能很好的匹配的现象。如农民在家中进行垃圾分类，但乡镇垃圾分拣站并未推行分类标准，因此出现了"在家分好了类别，上车（垃圾车）混在了一起"的尴尬局面，在一定程度上对农民主体作用意识造成挫伤。

（四）农民主体作用机制的区域差别较大

总体来看，东中部较西部农民主体作用机制发挥得更好，西部农村经

济发展程度相对较低，缺乏充足资源投入是主要原因。此外，农村经济社会发展水平的差异也会影响当地农民生产生活习惯及其认知。东中部差距较小，这可能是因为两个区域农村的差异正在缩减。同时，由于近些年返乡农民增加，加上疫情影响，也越加重视农村人居环境整治建设。

当然，东中部的差异还是存在的：一方面，东部地区农民主体作用机制发挥得更好，调研结果显示，东部地区农民对人居环境有更强的现实关怀感与责任归属感，且在知识储备上更扎实；另一方面，东部地区在具体的作用机制上采用的是"奖惩—行动"策略，在小环境和微环境中放手让农民自己行动，主体作用机制发挥得更充分。

（五）农民主体作用机制在小环境层面发挥不够

在村级层面的小环境上，农民的集体行动还较难达成，也难以真正参与到项目建设中。其原因可能是：一是农民个体缺乏能够统一行动的机制或组织平台，因而作为个体难以完全参与农村人居环境整治项目开展全过程；二是农民个体缺少财力、精力去完整参与项目，即便是有条件，也缺乏参与的动力；三是小环境仍属于公共空间，具有一定的外部性，单个农民在小环境层面发挥主体作用还面临着动机不足的困局。如何发动农民在小环境层面发挥更大的作用还亟待解决。

五、农村人居环境整治中农民主体作用机制的优化对策

针对农村人居环境整治中农民主体作用机制的问题，可从如下方面进行优化。

（一）建立对农民主体作用机制的系统性认知

要认识到不同的环境层次，主体作用机制发挥的方式与范畴不同。大环境更需要地方政府来实现多个地域或多个主体间的协调，在这一空间领域上农民主体作用发挥有限。小环境则需要村社组织以及农民共同来发挥作用。微环境因其有明确的产权和归属感，需要农民发挥更多的作用。环

境层面的区分可帮助我们更精准地定位农民主体作用的限度和范围，同时微环境与小环境的特性也决定了农民主体作用发挥的机制与方式。如在微环境上更多地依赖于通过对农民的教育、宣传与激励来引导其行为与农村人居环境整治的目标达成一致；在小环境上则可以以发动农民以投工投劳的形式来参与农村人居环境整治项目，在项目建设与运行过程中，将农民的劳动产出与行为规范和教育宣传有机地结合在一起。

在不同项目上，农民主体作用机制的发挥也存在差异，这主要是由于不同项目技术门槛高低以及项目投入大小等方面的原因。如污水管网等大型项目建设必定需要以政府为主导，而农民主要起到配合作用；又如户厕建设则要充分发挥农民的主体作用，配合采用合理的户厕技术，并在后期担起维护的职责。此外，在不同的流程上农民主体作用的发挥也各不相同：如在规划环节农民可借助丰富的社区知识以及自身的切实需求提出具体的要求；如在建设环节可投工投劳；如运营环节可以充分发挥本土优势进行管护来减轻其他主体的负担；再如在管理环节可发挥监督职责保证项目顺利达成预期目标。

（二）探索创新环保合作社的运行机制

在小环境里农民主体作用发挥的较为有限，导致这种情况的原因之一在于缺乏农民集体行动的有效达成机制。《方案》中提出了建立环保合作社，为解决上述问题提供了一种创新思路。它具体可在如下方面改进农民主体作用机制：

1. 为农民达成集体行动提供组织平台

借助合作社将农民组织起来，以成员大会—理事会—监事会的治理结构，将理性化的契约形式同基于熟人社会的社会资本有机结合起来，提供农民参与农村人居环境整治的组织平台和制度框架。同时，以合作社的形式参与有助于农民在同政府、企业等其他整治主体的对话中掌握更多话语权。

2. 方便农民投工投劳并提升其参与积极性

单个农民在小环境的整治上发挥的作用有限，很大程度上是农民个体投工投劳在形式上受限。依托环保合作社，由合作社组织社员投工投劳承接力所能及的建设项目，政府通过购买服务的形式，引导农民主体作用的发挥。

3. 形成多种灵活的合作社参与机制

可借鉴荷兰环保合作社的实践，政府根据合作社对农村环境管理的结果进行相应补偿支付，将政府部门从微观管理中解放出来。在参与机制上可进行灵活创新，如专项项目、以奖代补等形式。在具体运营上，可学习伊斯特马兰斯协会（Vereniging Eastermar's Lansdouwe）和阿赫特卡斯佩伦农业自然和景观管理协会（Vereniging Agrarisch Natuur en Land-schapbeheer Achtkarspelen）的做法，设置"环境记录"和"自然追踪"功能。前者是涉及一系列合作社社员减少环境污染方面的活动，主要包括农业外部投入减少和内部资源有效利用策略；后者主要包括社员关于生态环境保护和自然景观管理方面的活动。

（三）充分发挥基层党组织的引领与引导作用

调研发现，党组织在农村人居环境整治中发挥了重要作用，甚至许多地区农民主体作用机制依赖于党组织设立的一套框架体系才得以发挥。其具体作用如下：

1. 形成农民的有效动员机制

目前的动员方式较为单一且效果有限，如口号宣传、经济刺激等，更重要的是这些动员方式稍显被动，与农民化为认知、主动参与还有一定距离。依托基层党组织来进行政治动员更能达到效果，在党组织的框架下通过组织生活、定期学习达成党员农民思想观念上的统一，可有效地带动整个村落。因此，许多村落在农村人居环境整治行动上首先要求"党员先动"，先是开党员大会，再由各个党员在小家庭中统一思想，然后再经过村组会、村民代表大会。这种动员方式为农村人居环境整治行动提供了十分可行的行动框架。

2. 形成"党员带动群众"的行动机制

环境问题具有一定的外部性，会牵扯到农民间的利益纠葛，进而可能出现"搭便车"或邻避效应等问题。尤其是小环境和微环境中，更易存在这种风险。从实际调研来看，这种理论可能并未在现实中普遍出现，这既是因为农民环保意识和健康意识的觉醒与提升，更离不开党员的先锋带头作用。许多村庄都以各种形式设立了"党员责任岗"或"整治责任包干制"，由村庄内的党员按照划定的片区承担自己负责的片区内的农村人居环境整治工作，如绿化带的浇灌、公厕的维护、农民的卫生习惯等。党员首先要以身作则，然后再严格要求周边的农民，进而形成了"党员带动群众"的行动机制。

3. 形成多元整治主体间的协调协商机制

农村人居环境整治牵扯到多元主体，如地方政府、村委会、村民小组、专业合作社、企业、集体经济组织、农民群众等。这些组织的性质和行动动机各有差异，如村委会和村民小组是基层群众性自治组织，再如专业合作社是经济合作组织。因此，对于如何在农村人居环境整治中协调不同主体间的行动及其利益，党组织提供了一套统一的议事与话语框架，从而避免了因组织性质所造成的难以调和的冲突。

(四)采取"软硬兼施"措施推动区域差异化发展

农民主体作用机制需要以"硬件"和"软件"为支撑：①农村基础设施建设欠账多，城乡差距大。只有从最为基础的方面入手，切实解决"出行难""洗澡难""如厕难"等民生难题，才能让农村人居环境更清洁、更宜居、更便利；②硬件的完善和补齐是农村人居环境整治的基础，更为关键的是提升农民的环境素养和环境保护能力，让农村人居环境整治的成效真正能为当地人所用，真正融入当地人的生活之中。

此外，各地农村人居环境整治工作需因地制宜。东部发达地区农民在农村人居环境整治的知识更丰富或习惯上更主动，因而可赋予村社组织或农民在设计决策上更多的自主权，鼓励农民多渠道筹措资金，采用PPP、BOT等创新的模式推进整治工作。中部地区则可在加强宣传教育的同时加大对农民个体行为的经济激励，同时鼓励集体经济组织统筹综合发展壮大和环境保护的目标。西部欠发达地区则应加大财政投入，以政府奖补结合环保合作社，兼顾农民投工投劳与经济创收。此外，对于各乡村来说，应结合当地环境问题、环境存量以及农民的社会资本与本土知识，探索合适当地、符合民意、切实可行的整治模式。

（五）建设共建、共管、共评、共享机制

推进共建、共管、共评、共享机制建设，就要跟农民"多商量"，倾听民声民愿，精准决策。在农村人居环境整治过程中，农民合理的生产生活诉求需要被尊重。以厕所革命为例，有的农民希望保留旱厕为施肥提供原料。面对类似问题，地方政府应充分听取农民群众意见、做好群众工作，多给农民"菜单式"的选择，量身定制"需求清单"，精准施策推动，满足农民多元化的合理需求。

推进共建、共管、共评、共享机制建设，就要让农民"多监督"。建立反馈机制、畅通反馈渠道，接受农民群众监督；怎么整治，效果如何，要由农民来评价。《方案》提出，建立政府、村集体、村民等各方共谋、共建、共管、共评、共享机制，动员村民投身美丽家园建设，保障村民决策权、参与权、监督权。整治方案制定、配合施工、参与监督和后续管理、评价和反馈农村人居环境整治效果等各个环节，都要充分听取农民意见，凝聚乡村治理共识。

推进共建、共管、共评、共享机制建设，还要农民"多参与"，集民意、聚民力，让农民发挥主体作用。农村人居环境整治不是一锤子买卖，整治项目建设后的管理和维护，是影响农村人居环境质量"可持续"的关键。要想保障农村人居环境整治的长效性，就要提升农民主动参与的积极性，鼓励农民借助基层党组织、村社组织等多种方式有效地参与进来。

农村厕所粪污处理问题及投资需求测算研究[*]

一、农村厕所粪污处理的必要性及相关研究

(一)农村厕所粪污处理的必要性及意义

推动厕所革命是美丽乡村建设和乡村振兴的重要一环,既是符合生态文明建设要求的农村厕所粪污治本之策,也是探索人与自然和谐的途径之一。当前,在农村厕所粪污处理"绿色、低碳、循环"目标导向下,社会各界共同致力,我国农村厕所革命逐步实现面上突破到全域实施的演进,取得了显著的社会效益、环境效益和经济效益。然而,在农村厕所革命整体推进过程中,厕所粪污处理仍是尚未有效解决的突出问题。不恰当的厕改模式及不成熟的技术导致农村厕所粪污处理不理想,污染空气、水源、土壤等自然资源。2018年2月,中办、国办印发的《农村人居环境整治三年行动方案》提出"开展厕所粪污治理,合理选择厕改模式,推进厕所革命",通过将厕所粪污处理并资源化利用,实现厕改与农村生活污水治理的有效衔接。随着农村厕所革命的实施及相关政策的不断推进,国家越来越强调农村厕所粪污处理相关技术的应用及推广。因此,在当前顺应生态发展趋势和绿色发展规律的时代背景下,加强厕改与农村厕所粪污处理的有效衔接,将厕所粪污处理并资源化利用具有重要的政策意义与应用价值。

(二)国内外农村厕所粪污处理的相关研究

1. 农村厕所粪污处理的现状

解决好厕所粪污处理问题是推动农村厕所革命的首要前提,但我国对

---

[*] 课题主持人:王玉斌,中国农业大学经济管理学院教授。

厕所粪污有效处理的研究起步较晚，未能形成系统的理论指导体系。李新艳等（2016）发现厕所粪污已成为水环境污染的主要来源之一。黄圣彪等（2018）指出，厕所污水中总氮、总磷贡献率占农村生活污水污染物总负荷的84％以上，经技术整治后的厕所对污染物负荷削减效率仍然很低。钱东、李浓（2019）进行相关调研后发现，2016年末广西仅有10.5％的农村生活污水得以集中处理或部分集中处理，而化粪池作为广西农村主流的厕所污水分散式处理措施，出水难以达到农田灌溉水质标准。沼气池、稳定塘等污染物去除率高，但受诸多因素制约，难以在广西农村地区全面建设和运行。随着农村厕所革命深入开展，越来越多的机构及专家学者开始探索农村厕所粪污处理的有效方式，如山东省荣成市探索改厕与污水管网配套建设相结合的适地性路径。雷恺云（2020）指出，随着沼气式的卫生厕所不断普及，大量的排泄物将被集中进行收集、处理，最终实现资源化利用。

2. 农村厕所粪污处理中存在的问题

虽然我国农村厕所粪污处理工作目前正在稳步开展，但其中暴露出的一些问题难以回避。沈峥、刘洪波（2019）指出，我国农村厕所建设尚未综合考虑厕所的环保和废物的资源化处理和利用，对于配套粪污处理设施不够重视；赵立欣（2019）认为，农村改厕后抽取的厕所粪污不能得到及时有效处理及资源化利用是农民不愿改厕的主要原因。在处理工作上出现的一些问题，也是导致农村地区对于粪污处理远远落后于厕所改造的原因。张永江等（2019）认为，在改厕实践中，一些农民为减少粪污清理工作量，在建设化粪池时有意渗漏，导致污水直接扩散到土壤里，对生态环境造成破坏。此外，分散式厕所污水处理措施出水水质处于无人监管的状态，导致大量的未达相关环境标准的污水排入村屯周边，造成村屯周边的生态环境和卫生环境恶化（钱东、李浓，2019）。

3. 农村厕所粪污处理的技术模式

近年来，在相关政策的支持下，一些新型的技术在我国厕所粪污处理中得到了较为广泛的运用。雷恺云（2020）提出，利用水循环能够有效减少水资源的使用，在此过程中，通过生态设备将排泄物进行高度回收可以逐渐减少厕所粪污对当前的环境污染。黄俊生等（2020）认为，要在土地整理、测土配方施粪肥技术运用的基础上，鼓励支持发展粪肥发酵工艺，提倡农业生产中运用有机肥代替化肥。目前，农村改厕逐步聚焦于三格式化粪池厕所、双瓮漏斗式厕所、粪尿分集式厕所、三联通式沼气厕所、双坑交替式厕所和有完整上下水道的水冲式厕所，其中前5种类型是无害化卫生户厕，通过粪污发酵处理实现无害化、定期清出后可作为肥料实现资源化利用，后1种类型是具有给水和排水设施的厕所，适用于城镇化程度较高、具有完整下水道系统的地区（张永江等，2019）。

4. 农村厕所粪污处理的对策建议

为补齐人居环境短板，农村厕所粪污在处理过程中应结合我国农村发展现状，充分发挥科学技术、政策支持、社会参与对推进农村厕所粪污有效处理的积极作用。在科学技术方面，赵立欣（2019）提出要加强粪污资源化利用的科技支撑，遴选、推广绿色环保、节本高效的实用性技术，形成适合我国国情的高效实用技术模式，提高粪污协同治理水平；在政策支持方面，段海斌等（2020）提出，在强化财政资金支持的同时，要统筹资金安排，积极建立农村厕所改造协调议事机制，明确牵头单位，对改厕资金实行统一管理和使用，将有限的资金用在"刀刃"上；在社会参与方面，要通过政策引导，扶持一些再生资源回收企业，或者通过委托运营方式，引入一些在堆肥技术和产品处理方面具有优势的专业公司，让社会资本参与农村厕所粪污的治理（钱东、李浓，2019）。

5. 农村厕所粪污处理相关研究述评

综合既有研究，厕所革命的持续推进使得我国农村的环境质量显著提升，厕所"脏、乱、差"现象得到有效治理。但由于我国厕所革命相关政策实施较晚，现有研究成果相对较少，且研究内容主要聚焦厕所革命现状，多以存在的问题为导向探究政府、社会团体及农村居民在厕所改建、运行管护中的作用，对农村厕所粪污处理的技术模式及投资测算的关注相对较少。为切实推进农村厕所革命的发展，探寻农村生态发展趋势和绿色发展规律，避免农村厕所改造陷入运动式治理困境，创新农村厕所粪污处理的技术模式、合理测算投资需求显得尤为重要。本项课题通过研究梳理我国农村厕所粪污处理现状、问题、技术模式，合理测算投资需求，从而为政府制定相关政策提供依据和有益借鉴。

（三）研究报告主要内容

本课题综合考量农村厕所粪污处理现状、现实困境及影响因素，分析农村厕所粪污处理的技术模式及投资需求测算结果。主要内容包括：首先，通过分析农村厕所粪污处理发展特征及演进启示，识别现阶段我国农村厕所粪污处理的发展重点，并分析把握我国农村厕所粪污处理的总体发展现状；其次，对当前农村厕所粪污处理所面临的现实困境进行总结；再次，结合当前农村厕所改造的主要类型划分情况及地方实践经验，提炼各类厕所粪污处理的技术模式，并分析其投资预算；最后，构建农村厕所粪污处理可持续运行的保障机制，以期为相关部门制定进一步完善农村厕所粪污处理的相关支持政策提供有益借鉴。

二、农村厕所粪污处理的发展演变及现状

（一）农村厕所粪污处理的发展演变

1. 无人管护阶段

在农村厕所革命实施初期，由于追求进度，乡村改厕进程中各方主体片面关注预算约束和工程效率，却忽略了配套设施及服务。因此，在改造或新建无害化卫生厕所初期，并没有明显的改厕后续管护服务需求，基本处于无人管护状态。

2. 政府雇佣个人负责阶段

改造或新建无害化卫生厕所工程中期，部分地区政府出资购买抽粪车、雇佣管护人员，开展粪液清运服务。实质是政府雇佣个人负责农厕后续管护服务。服务人员反映管护成本较高，利润较低；农户反映抽粪不及时，服务范围小，服务人员不愿意到距离管理区较远的村庄清理粪污，距离管理区较远的农户只能支付较高的费用购买邻近乡镇的抽粪服务，这个阶段的实际管护效果并不理想。

3. 建立农厕管护服务站负责阶段

随着不断的探索，部分地区政府成立农厕管护服务站，成立由专业人员组成的服务队伍，在各村设立服务联系点，制作改厕管护公示牌，公开

服务电话，开展粪污清运等服务。管护服务收费主要用于农厕管护服务站工作场所建设资金、服务人员工资、抽粪车等设备的保养及维修、抽粪车燃油费、保险费等支出。

（二）农村厕所粪污处理的"五化"现状

1. 农村厕所粪污处理模式多样化

为彻底根治"坏了没人修、满了没人淘、淘了没人用"的问题，坚持建管并重，全国各地积极探索合理有效的农村厕所粪污处理模式，实现厕所运维管护常态化，粪污处理资源化，环境卫生清洁化，配套服务社会化，群众受益最大化。中国幅员辽阔，南北自然环境、风俗习惯各异，各地政策举措存在差异，厕所粪污处理模式也因地制宜各具特色。如表1列举了全国部分地区经典的厕所粪污处理技术模式。

表 1　各地厕所粪污处理典型模式

地区	粪污处理模式	特　　点
安徽省金寨县	一二一模式	一是成立一个站，解决农村厕所没人问的问题；二是组建二个队，解决农村厕所没人管的问题（清淘服务队和维修服务队）；三是选好一基地，解决厕所粪污没人用的问题
河北省安平县	三污合一模式	一是处理废弃物种类多，包括厨余垃圾、污水、人粪尿和畜禽粪污、农作物秸秆、园林废弃物、农村渣土等协同处理；二是处理与综合服务同时并举，建立养分管理服务中心，将处理产品根据肥力高低科学消纳与循环利用
四川省雅安市雨城区	五模式	雨城区属丘陵和山区地带，面临群众散居点众多、坡地多建设难等问题，推行以三格化粪池和沼气池为主的五种改厕模式，因地制宜实现厕所粪污无害化处理、资源化利用
湖北省枣阳市	三二一模式	三水（厕所粪污、洗涤污水、厨房污水）分流、两级处理、一片湿地
河南省孟州市	改厕治污一体化模式	县级政府投资建设厕改基础设施，相关部门运行维护，黑灰水和粪污集中处理，种植大户统一利用
浙江省衢州市衢江区	三个三模式	配套化粪池、污水管网、人工湿地3类设施，建立粪污处理、日常保洁、督查考核3项制度，抓好乡镇、行政村、保洁员3类主体

（续）

地区	粪污处理模式	特　　点
福建省周宁市	三化治理模式	统一规格、统一规划放样、统一组织验收，实现污水净化、粪污资源化、管理常态化
河北省邱县	两收集两利用模式	对生活污水集中收集、二次利用，对厕所粪污收集、集中处理、再利用
山东省临沭县	四化模式	粪污统一化抽取、无害化处理、产业化利用、智能化监管（粪液就地就近就农利用，固粪用作有机肥生产原料）
河南省鹤壁市鹤山区	农户主导模式	政府投资、企业提供技术指导和设备维护服务，厕所粪污由农户自行清淘、堆沤发酵后使用，就地就近就农利用
四川省浦江县	新型经营主体主导模式	多方投资、新型经营主体运营维护、农户付费，实现沼气、沼渣、沼液综合利用
河北省武邑县	第三方服务机构主导模式	政府投资、第三方服务机构运营维护、农户付费、污水集中处理、固粪用作有机肥生产原料
福建省长泰县	PPP模式	政府引入社会资本投资建设厕所粪污和厨房、洗漱等生活污水收集管道及一体化处理工程，由第三方专业服务公司负责运维
湖南省益阳市	分类施策模式	集中居住的住宅生活区，采用小型微动力污水处理工艺；单户、联户，推广三格式化粪池；自建、代建、共建充分尊重农户意愿并协调施工队

2. 农村厕所粪污处理服务社会化

随着厕所革命的推进，政府不断强化农村厕所粪污无害化处理与资源化利用的指导引导作用，逐步探索市场化解决路径，推动粪污就地就近资源化利用，调动村集体、农民群众和社会力量参与运行维护，逐步建立多元化、多主体的长效运行机制。目前，各地涌现出一批家庭农场、农民合作社、种植大户等多种新型经营主体，主动加入厕改，推动粪污资源化利用。一些地区第三方服务机构与乡镇组建厕所管护服务队和村服务点，配套吸粪车、吸粪泵等清淘维修设备，提供技术指导和设备维修服务等工作。不少地区形成政府指导和支持、多主体参与、农户积极配合的粪污处理服务格局，不仅实现了厕所粪污的无害化处理和资源化利用，还推动实现畜禽粪污、农村污水、厕所粪污等一体化治理。

3. 农村厕所粪污处理技术专业化

厕所粪污资源化利用，存在一定的利润空间，政府、企业、新型经营主体等多种力量积极探索厕所粪污处理技术，加快农村厕所粪污处理技术进步。根据粪污无害化的方式，农村改厕大致可以围绕粪便厌氧发酵和好氧发酵两大类型来开展。在国家卫健委推介的6种技术模式中，三格化厕所、双瓮式厕所、三联通沼气厕所、双坑交替式厕所等通过厌氧发酵原理使有机质分解并实现无害化处理；粪尿分集式厕所主要将粪便与秸秆等混合后经好氧发酵转化为有机肥实现还田利用；完整上下水道水冲式厕所则是将粪污与生活污水混合后进行深度处理。此外，高寒地区的粪污处理技术主要通过高强度化粪池深埋、增温保温、管道优化设计等技术对户厕进行防冻改进。而在干旱地区，则主要推行无水型和少水型两类新型厕所。粪尿分集式厕所等无水型厕所使用时粪尿直接进入储存发酵池，采用微生物技术进行堆肥发酵后还田；少水型厕所主要包括真空厕所技术和自循环水冲式技术，实现厕所节水。

4. 农村厕所粪污处理内容综合化

农村厕所粪污治理是推进农村厕所革命的关键，而重中之重则是解决粪污无害化处理问题，在此基础上积极推进资源化利用。各地不断探索农村生活污水、畜禽粪污、餐厨垃圾、农作物秸秆和厕所粪污综合处理。通过沼气池、沉淀池、发酵池、管道等多种设备实现农村各类污染集中处理利用和分散处理利用。同时，厕所粪污被家庭农场、农民合作社、种植大户等新型经营主体和第三方服务机构抽取后，有的用于肥料还田，实现资源化利用，有的经过加工处理成为有机肥实现价值增值。

5. 农村厕所粪污处理机制市场化

随着乡村振兴战略的深入实施，农村生活对"绿水青山"的需求越来越迫切，农民对生态宜居的要求越来越高。我国农村厕所粪污处理发展呈现服务主体多元化、服务模式多样化、服务手段专业化、服务内容综合化、服务机制市场化、政企社联合等新趋势新特征。各类厕所粪污服务主体成为厕所革命的生力军，在推动农村厕所改革全面高质高效发展、推进粪污资源化利用及粪污处理技术普及、带动农民就业、承接环保企业创新发展等方面发挥了非常重要的积极作用。农村厕所粪污处理越来越体现政府"引路"、市场"修路"、各主体"施工"的利益联结机制，以组织创新、机制创新为动力，以推进无害化处理和资源化利用相融合、完善厕所粪污处理模式与提高厕所粪污处理技术为重点，培育发展各类新主体、新模式、新业态，推进厕所粪污处理向农业产业、农村生态、农民生活服务领域延伸，优化创新链、扩大服务链、拓展产业链、提升价值链，实现农村厕所粪污处理机制市场化。

三、农村厕所粪污处理的现实困境

从总体层面看，自开展农村厕所革命以来，虽然在治理农村污染、改善农村环境和美丽乡村建设等方面已经取得了明显成效，但是从微观层面的调研和走访来看，我国的厕所革命依然存在一些问题，尤其在农村厕所粪污处理环节。

（一）农村厕所粪污处理系统设计不健全

《农村户厕卫生规范》对厕所的卫生性和舒适性以及使用性都有明确要求，但对厕所排泄物的处理及无害化工作没有作出具体规定。另外我国幅员辽阔，各地自然环境和生活习惯千差万别，厕所革命建设工作需要因地制宜，防止陷入"重模仿""轻创新""重示范""轻开发"的发展模式。

（二）农村厕所粪污处理管理体系内卷化

当前，各地高度重视农村改厕工作，一方面要应对各级的监督检查，另一方面要接受日益频发的社会问题的挑战。但是基层在落实厕所革命任务时，对其理解不够深入，地方资金和人员配备有限，因此管理呈内卷化。首先，厕所粪污处理缺乏专业技术人员，大多粪便处理方式偏传统，用于农家粪肥浇菜的方式仍占较大比重；其次，农厕管护服务站工作人员抽粪不及时、抽粪不彻底，对环境污染严重，对农民生活造成不便；再次，基层"厕所革命"推进工作难度大，厕所粪污处理在部分地区出现"对上扛不住""对下管不住"现象；最后，部分农村集体经济薄弱、基础设施落后、环境脏乱差，尤其是"三区三州"地区，落实"厕所革命"不仅财政资金有压力，而且部分村民的厕改意识薄弱。

（三）农村厕所粪污处理成本高

农村厕所粪污处理涉及多种成本，主要包括建设成本、管护成本和服务成本等。农村改厕成本较高，加上农村地区大都是留守老人、儿童和妇女，他们对粪污处理的技术接受度较低，加大了卫生厕所普及难度。农村厕所粪污处理的途径一般是在固定时间由农村管护服务站统一收集，但是每户家庭人口数不一致，储粪节奏不一致，导致服务站工作难度加大、成本提高。另外，由于家庭收入不同，投入水平不同，改厕质量也参差不齐，在调查时发现农村厕所粪污处理设备经常出故障，一方面是农民的不合理使用，另一方面是设备本身存在一些质量问题，因此厕所粪污处理设备维修成本高。

（四）农村厕所粪污处理二次污染

农村厕所粪污处理二次污染主要有以下几种情况：一是部分村庄在改厕时质量把关不严、缺少实时监督和纠错机制等，导致农村改厕施工质量良莠不齐。二是厕所粪污处理设备不合格造成粪污处理不彻底。比如化粪池壁厚不达标易造成塑料化粪池变形甚至坍塌；排水阀密封不严密，易发生渗水漏水情况，进而容易导致水箱储水量不足并浪费水资源；冲洗水箱排水量不达标，在使用中容易造成对便器中污物冲洗不干净等。三是厕所粪污处理的关键技术跟不上，粪污资源化利用技术单一、缺乏配套的资源化利用设施、机具等；四是一些厕所建成后，在管理、运行、维护和粪污资源化利用等方面主要依靠农户，缺少必要经费和工作机制支持。

四、农村厕所粪污处理的技术模式及投资测算

中央财政资金和各级政府专项资金积极支持农村厕所改革，尤其是农村厕所粪污处理工作。因此，分析农村厕所粪污处理的技术模式及投资测

算,具有重要意义。我们从四个角度探究农村厕所粪污处理的技术模式及投资测算,一是根据环保企业、政府报告等数据资料探究 7 种厕所粪污处理的技术模式优缺点;二是根据市场调研数据、156 位农户调研数据和枣阳市政府调研数据设置情景模式,假设分别有 100 户 400 个常住人口、500 户 2 000 个常住人口和 1 000 户 4 000 个常住人口的行政村,每户有 4 亩田,选择典型的粪污处理技术模式测算其成本和效益匹配情况。

(一)七种主要技术模式

• 三格化粪池式。三格化粪池式厕所由三个相互串联的池体组成,经过密闭环境粪污沉降、厌氧消化,能够去除和杀灭病原体,控制蚊蝇滋生。这类厕所密封性好,不渗漏,彻底防止传统化粪池地下水渗漏所产生的污染,同时改善地基湿软下沉对建筑物的危害,具有较好的环保效益。三格化粪池式造价低,投资小,不占用地表面积,同时可以根据农户的需求进行灵活布置。但是在寒冷和干旱地区安装三格化粪池时需添加防冻设备和节水设施。

• 双瓮漏斗式。双瓮漏斗式厕所由漏斗形蹲便器、前后两个瓮式储粪池、连通管、后宽盖和厕室组成。双瓮漏斗式厕所占地面积小、方便卫生,一改传统旱厕的脏乱差面貌,其工艺流程简单,易拆装,便运输,安装快等特点。

• 三联通式沼气池。三联通式沼气池主要利用粪污厌氧发酵产生沼气的原理,将厕所和沼气池通过管道连接在一起,对粪污进行无害化处理,能够有效灭杀或去除生物性致病因子,减少粪便对人体健康危害和环境污染。三联通式沼气池具有揭盖、封盖随意、随时的优点,农户易学、密封操作简便,另外,其有机物去除率高、可以有效阻止污泥上浮、并通过多级过滤使得出水呈中性、卫生环保效果好、可获得优质的沼气。

• 粪尿分集式。粪尿分集式户厕由厕屋、粪尿分集式便器、贮尿桶、贮粪池、吸光板和排气管等组成,使用过程中无需用电,造价低,适用于干旱缺水和寒冷地区。这类厕所把粪和尿分开收集,将数量较多、富含养分且基本无害的尿直接利用,而把数量较少、危害性较大的粪便单独收集进行无害化处理，最终作为优良的土壤改良剂用于农业生产，实现生态循环。粪尿分集式生态卫生厕所在粪污处理中具有节水作用，另外其粪便干燥脱水的技术能够有效切断肠道传染病及寄生虫病的传播途径。

● 双坑交替式。双坑交替式户厕设有两个坑，后墙有一方孔用来取粪，平时封闭。排便后用秸秆粉、稻壳等细碎物料覆盖，吸收粪尿水分并与空气隔开。待其中一个粪坑填满后将其封闭，启用另一个粪坑，等第一个粪坑清淘完毕再行使用，如此交替循环。双坑交替式户厕占地面积较大，选址要求向阳且宽敞，经济实用但卫生条件一般。

● 下水道水冲式。水冲式厕所是城市化、楼房居民区常用的卫生厕所，这种厕所在城市家庭中普遍使用。近年来随着社会发展，城市郊区和农民新村的建设步伐日益加快，下水道水冲式应用越来越广泛。从冲污能力上来说，容易冲掉黏附在马桶表面的污物，但相对来说比较费水。

● 人工湿地模式。人工湿地模式是一种将污水、污泥有控制地投入到经人工建造的湿地上，污水与污泥在流动过程中利用土壤、人工介质、植物、微生物的物理、化学和生物三重协同作用，对其进行处理的一种技术。通过这一系列作用，污水由湿地一端进入，以推流方式不断得到净化从而变成对环境无害的无机物质回归到自然中。人工湿地模式是一种环境友好型粪污处理方式，可将黑水和灰水变成绿水、粪污粪渣变成资源，但投资成本较高。

（二）投资成本与效益测算

结合对设备供应商、厕所粪污处理环保企业、156位农户和枣阳市政府的调研结果，发现三格化粪池式、双瓮漏斗式和下水道水冲式是目前农村较为成熟的厕改技术模式，应用最为广泛，相关设备销售量最高。另外，人工湿地是一种新型粪污处理模式，探究其成本效益有利于相关单位制定厕改政策。此部分按照设置的情景模式对农村粪污处理技术模式进行模拟，以期测算出不同模式的成本效益。

1. 三格化粪池式

（1）厕所粪污处理成本测算。农户厕改成本测算。设备投资成本主要包括化粪池、厕屋、卫生洁具三部分，其中化粪池有玻璃钢材质、以聚乙烯为主要成分的塑料材质、混凝土现建式及砖砌现建式四种类型，厕屋主要材质为彩钢板（表2）。据市场调查，农户购买厕改设备投资成本在2 696～3 502元。

表2　三格化粪池式厕改设备投资成本预算表

单位：元

模式	化粪池		厕屋		卫生洁具
三格化粪池式	玻璃钢材质	2 055	1.1米×1.1米×2.35米	1 100	196
	塑料材质	1 655			
	混凝土现建	2 000	1.3米×1.3米×2.35米	1 300	143
	砖砌现建	1 400			

注：①郑向群教授提出户厕化粪池有效容积需要大于1.5立方米（<3人）、大于2立方米（4～6人），按照有效容积占总容积80％行业标准，取2.4～3立方米化粪池即可。②据淘宝官方数据，统计销量排前十店铺的售价并取其均价，其中塑料材质2.69立方米销售价格1 655元，玻璃钢材质3.05立方米成本2 059元。③混凝土现建的化粪池抗压性好，但质量超过2吨以上施工困难，且不宜放置于庭院内，不提倡使用。④砖砌容易渗漏，且红砖不环保，部分地区严禁用砖砌化粪池；按0.5元/块沙砖的单价，24×11.5×5.3的标准沙砖建造3立方米的三格化粪池需要1 025元，加上辅料预估1 400元。⑤厕屋的规格选择1.1米×1.1米×2.35米和1.3米×1.3米×2.35米两种，据淘宝官方数据，统计销量排前十店铺的售价并取其均价，选取的厕屋均是标配（含卫生洁具、照明、插座开关、排风扇），且样本价格包含运费价格。

村镇厕改服务机构成本测算。厕所粪污处理费用包括固定费用即淘粪设备和建造沼气池实现资源化利用。如表3所示，非固定费用中污水处理费用每人0.12元/月，人工费用较贵，水电费可以忽略不计。假设5户建造一个沼气池，固定设备投入：淘粪设备吸粪车18 000元可使用20年以上，沼气池建设成本1 000元/个，使用年限20年以上。

表3　三格化粪池式厕改粪污处理投资成本测算表

固定费用（元）		非固定费用（元/月）		
淘粪设备	沼气池	污水处理费用	人工费用	水电费
18 000	1 000	0.12	3 500～6 000	0

注：①吸粪车规格3立方米三轮车，根据市场调研取平均价格18 000元。②沼气池按照5户建造一个沼气池，8～10立方米，成本1 000元。③根据村庄规模，一般500户以下，吸粪工人只需一人，500户以上吸粪工人需要两人，一人是主力，一人辅助。辅助工资按平均数2 500元/月，主力工资按平均数3 500元/月计算。

（2）厕所粪污处理收益测算。农户收益测算。沼肥和粪污还田每年可以为农户节约 35% 的化肥支出，按照全国 400 元/亩一年的化肥使用标准，每户 4 亩地可以节省化肥开支 560 元/年。如表 4 所示，按照 100 户、500 户和 1 000 户的村庄规模，分别测算了整村农户收益分别约为 5.6 万元、28 万元和 56 万元，农户去除设备成本和清淘成本，三种规模整村农户经济效益分别约为 2.0 万～2.9 万元、10.2 万～14.5 万元万元和 20.5 万～29.0 万元。农村厕所粪污处理还产生社会效益，改善了生活环境，实现生态宜居，降低了疾病传播，提升了广大农民的幸福感。

村镇厕改服务机构收益测算。按照化粪池有效容积 2～2.5 立方米，每户大约每年清淘 3～4 次，每次清淘 45 元/户。如表 4 所示，按照 100 户、500 户和 1 000 户村庄规模测算厕所粪污处理服务收益分别为 1.35 万～1.8 万、6.75 万～9.0 万元和 13.5 万～18.0 万元。去除固定成本和非固定成本，不同规模的村镇厕改服务机构收益分别约为 －3.0 万～－2.6 万元、－1.7 万～－4.0 万元、4.6 万～9.1 万元。

整体经济效益分析。如表 4 所示，将各个主体成本和收益相加，综合测算农村厕所粪污处理的经济效益。按照 100 户、500 户和 1 000 户村庄规模，计算的经济效益分别为 －0.6 万～0.2 万元、14.2 万～16.2 万元、29.6 万～33.7 万元。

政府厕改收益测算。政府通过厕所革命创造了新业态、打开了新市场，促进市场经济发展，带动农户就业，加快社会主义现代化建设。从以上个体和整体经济效益分析可以看出，农村厕所粪污处理经济效益随着村庄规模增加而不断提高。因此，农村厕所粪污处理适宜整村推进和小村并大村的处理方式。

表 4　三格化粪池式厕改粪污处理投资收益测算表

	村庄规模		100 户	500 户	1 000 户
成本分析	整村农户成本	设备投资成本	13 480～17 510	67 400～87 550	134 800～175 100
		清淘成本	13 500～18 000	67 500～90 000	135 000～180 000
	服务机构成本	固定成本	1 900	5 900	10 900
		非固定成本	42 567	44 880	77 760

（续）

村庄规模		100 户	500 户	1 000 户
收益分析	整村农户经济收益	56 000	280 000	560 000
	服务机构经济收益	13 500～18 000	67 500～90 000	135 000～180 000
整体经济效益分析		−5 986～1 956	141 670～161 820	296 240～336 540

注：①采用折旧法，将投资设备成本分摊到每一年。②清淘成本是指农户清粪费用 45 元/次。③固定成本是指购买吸粪车和建造沼气池，非固定成本即人工成本和污水处理费用，吸粪工人工资计算同表 3。④经营主体的经济效益主要来自两个方面：第一是农户清粪费用，每户 45 元/次；第二是粪污无害化处理后还田节省的化肥开支。⑤整体经济效益＝（整村农户经济效益＋服务机构经济效益）—（整村农户成本＋服务机构成本）。

2. 双翁漏斗式

（1）厕所粪污处理成本测算。设备投资成本主要包括化粪池、厕屋、卫生洁具三部分，其中市场上的化粪池以聚乙烯为主要成分的塑料材质、规格三种，根据市场调查数据显示常用的是 1 立方米化粪池，根据南北方气温差异，不同区域使用的同规格化粪池厚度不一致，厕屋主要材质是彩钢板。据市场调查，农户购买厕改设备投资成本在 1 423～1 856 元（表 5）。

表 5 双翁漏斗式厕改设备投资成本预算表

单位：元

模式		化粪池	厕屋		卫生洁具
双翁漏斗式	1 立方米	180	1.1 米×1.1 米×2.35 米	1 100	196
	1.5 立方米	220	1.3 米×1.3 米×2.35 米	1 300	143
	2 立方米	360			

注：①目前，双翁化粪池市场上模具有 1 立方米、1.5 立方米和 2 立方米，不同规格的化粪池厚度和质量不一，因为气候原因，销往中国北方的双翁化粪池比销往南方厚。②化粪池塑料材质（主要成分是聚乙烯），根据淘宝官方数据统计销量排在前十店铺的售价和电话调查 5 位供应商售价，取价格平均数。

第三方经营主体成本测算。双翁化粪池发酵后的粪污可直接还田，此处假设粪污处理机构是第三方经营主体（即种植大户、家庭农场、合作社等），清淘的粪污直接用于还田。因此，第三方经营主体费用包括固定费用即淘粪设备和非固定费用包括人工费用，水电费可忽略不计。如表6所示，淘粪设备吸粪车18 000元可以使用20年以上，月均人工费用3 500～6 000元/月。

表6 双翁漏斗式厕改粪污处理投资成本测算表

固定费用（元）	非固定费用（元/月）	
淘粪设备	人工费用	水电费
18 000	3 500～6 000	0

注：①吸粪车规格3立方米三轮车，根据市场调研取平均价格18 000元。②吸粪工人工资计算同表3。

（2）厕所粪污处理收益测算。第三方经营主体收益测算。沼肥和粪污还田每年可为种植户节约35%的化肥支出，假设每户4亩地，全国一年的化肥使用标准400元/亩，每户的粪污还田可以为经营主体节省化肥开支560元/年；同时根据双翁化粪池使用标准，每户每年平均清粪3次，每次45元（电话访问多位村支书，取平均价格）。按照100户、500户和1 000户的村庄规模，分别测算了经营主体年收益分别约为7.0万元、34.8万元和69.5万元。

整体经济效益分析。如表7所示，按照100户、500户和1 000户村

表7 双翁漏斗式厕改粪污处理投资收益测算表

单位：元

		村庄规模	100 户	500 户	1 000 户
成本分析	整村农户成本	设备投资成本	7 115～8 380	35 575～41 900	71 150～83 800
		清淘成本	13 500	67 500	135 000
	经营主体成本	固定成本	900	900	900
		非固定成本	42 000	42 000	72 000
收益分析	整村农户经济收益		0	0	0
	经营主体经济收益		69 500	347 500	695 000
整体经济效益分析			4 720～5 985	95 200～201 525	403 300～415 950

注：①采用折旧法，将投资设备成本分摊到每一年。②淘粪工人工资计算同表3。③双翁漏斗式改厕，假设农户不自己清粪，那么其经济效益为0。④经营主体的经济效益主要来自两个方面：第一是农户清粪费用，每户45元/次；第二是粪污无害化处理后还田节省的化肥开支。⑤整体经济效益＝（整村农户经济效益＋经营主体经济效益）—（整村农户成本＋经营主体成本）。

庄规模，综合测算农村厕所粪污处理的整体经济效益分别约为 -0.5 万～0.6 万元、19.5 万～20.2 万元、40.3 万～41.6 万元。发现小村庄不利于建立完备的厕所粪污处理体系，各个主体承担成本较高。

3. 下水道水冲式

（1）厕所粪污处理成本测算。下水道水冲式粪污处理去向主要有两个：第一是在田间地头建化粪池，直接发酵后还田；第二是连接污水处理厂，直接净化处理，一般是城市粪污处理采用，因此此处仅考虑第一种去向。下水道水冲式要求完整的下水道管网，目前的受众群体主要是城郊农户、集中安置区、异地搬迁户。设备投资成本如下：厕具、厕屋、下水道管网、化粪池、吸粪车。如表 8 所示，下水道水冲式农户成本为 2 950元，政府成本是铺设农村下水道管网，每户约为 4 000 元。新型农业经营主体的成本是建造化粪池和购买吸粪车，根据村庄规模，化粪池的大小不一，造价不同。

表 8 下水道水冲式厕改粪污处理投资成本测算表

单位：元

农户成本	厕屋	自建 /	350
		移动厕屋 1.1 米×1.1 米×2.35 米	1 100
		移动厕屋 1.3 米×1.3 米×2.35 米	1 300
	厕具	/	200
政府成本	下水道管网	PV 管和综合波纹管	4 000
新型农业经营主体	化粪池	10 户/15 立方米	1 600
		30 户/45 立方米	1 100
		60 户/90 立方米	850
	吸粪车		18 000

（2）厕所粪污处理收益测算。根据调研情况分析，下水道水冲式厕所粪污处理投资收益如表 9 所示。目前的收益仅来自新型农业经营主体，村庄规模 100 户、500 户和 1 000 户时分别为 1.96 万元、9.8 万元、19.6 万元。整体经济效益分别约为 1 200～6 000 元、9 600～33 350 元、20 100～63 600 元。收益差距大的主要原因在于农户厕屋投资成本不同，自建厕屋（需要购买厕具）和购买移动厕屋（标配）成本差异大。

表9　下水道水冲式厕改粪污处理投资收益测算表

单位：元

村庄规模			100 户	500 户	1 000 户
成本分析	整村农户成本	设备投资成本	2 750～7 500	13 750～37 500	27 500～75 000
	政府成本	固定成本	8 000	40 000	80 000
	新型经营主体成本	设备成本	2 900	10 900	20 900
收益分析	整村农户经济收益		/	/	/
	政府经济收益		/	/	/
	新型经营主体收益		19 600	98 000	196 000
整体经济效益分析			1 200～5 950	9 600～33 350	20 100～67 600

注：①设备投资成本按照折旧法计算，其中，农户厕屋厕具的使用年限20年；政府铺设的下水道管网根据国家标准不低于50年；新型农业经营主体建造的化粪池使用年限约为50年、购买的吸粪车使用年限20年。②新型经营主体收益＝（400×4×35％）×35％×n 户数，是指根据全国土地流转率约为35％标准，新型农业经营主体从农户那里流转土地，假设每户4亩土地。每亩化肥开支400元/年，粪肥和粪渣每年可以节约35％的化肥支出。

4. 人工湿地模式

（1）厕所粪污处理成本测算。人工湿地模式是湖北省枣阳市典型的厕所粪污处理技术，通过调研获知，该地厕所粪污处理成本主要包括农户投资、市政府投资和基层政府投资三部分。如表10所示，市政府投资主要是大三格池、污水管网和人工湿地，其中大三格池规格根据户数建造，户均成本随着规格的增大逐渐降低。污水管道是指综合波纹与PV管，约40元/米，户均100米，每户4 000元。人工湿地每户1平方米，每平方米536元。农户成本主要包括厕屋、厕具、小三格池和保洁费，农户固定设备投资大约2 000元/户，保洁费每户均80元/年。基层政府投资主要是厕所管理费用，厕所管理主要为脱贫户、低保户等困难群众提供的公益性岗位，每年13 500元/人。

（2）厕所粪污处理收益测算。根据调研情况分析，枣阳市人工湿地模式粪污处理还未充分发挥湿地的经济价值，目前的收益主要来自农户和政府。其中农户收益主要是粪肥还田；政府收益主要是厕所清洁费收入。如表11所示，当村庄规模在100户、500户和1 000户时，人工湿地模式整体经济效益分别约为2.9万元、19.8万元和39.8万元。

表10 人工湿地模式投资成本测算表

单位：元

固定费用	市政府投资	大三格池	10户/12立方米	1 530
			30户/36立方米	929
			60户/72立方米	785
		污水管网		4 000
		人工湿地		536
	农户投资	厕屋		350
		厕具		150
		小三格池		1 500
非固定费用	基层政府投资	保洁费		80
		厕所管理费用		13 500

注：①农户厕屋自己所建，小三格化粪池一般是村集体购买，按照户均4人3立方米标准，使用年限20年左右。②保洁费用主要是针对厕所的日常管理，每户平均80元/年，脱贫户和低保户等特殊困难人群60元/年。③大三格化粪池、污水管网和人工湿地投资成本主要是市政府承担，富足的基层政府也承担部分成本，使用年限约为50年。

表11 人工湿地模式投资收益测算表

单位：元

村庄规模			100户	500户	1 000户
成本分析	整村农户成本	设备投资成本	10 000	50 000	100 000
		清洁费用	800	4 000	8 000
	政府	固定成本	10 877	54 387	108 774
		非固定成本	13 500	13 500	25 500
收益分析	整村农户经济收益		56 000	280 000	560 000
	政府经济收益		8 000	40 000	80 000
整体经济效益分析			28 823	198 113	397 726

注：①整村农户成本包括设备投资成本和清淘成本，设备投资成本＝户均投资成本×100户/20年；假设每户均为非困难群众，则户均清洁费用为80元/年。②政府成本包括固定成本和非固定成本，其中固定成本包括大三格池（100户=10户+30户+60户）、污水管网和人工湿地户均成本乘以100户再除以50年。③整村农户经济效益主要是经过小三格化粪池处理后的粪污可以直接还田，每年每户可节省化肥支出560元（35%×4亩/户×400元/户）。政府经济效益是指厕所清洁费用收入。④整体经济效益分析是指人工湿地模式下主体经济收益与各主体投入之差。

五、构建农村厕所粪污处理可持续运行的保障机制

（一）建立三级联动机制，完善厕改顶层设计

农村厕所革命要建立省、市、县三级联动机制。省级主要打造服务平台，应成立厕改工作领导小组，负责本地厕改的技术攻关、基层厕改工作的监督和检查、探究厕改的可持续发展模式。市级应做好指导和规划工作，成立厕改工作委员会，指导县级厕改工作，积极宣传厕改精神，组织厕改技术培训等。县级应灵活执行和不断推进，要积极落实厕改工作，提高厕改实施效率，提升厕改服务人员的技术水平和服务意识，积极听取群众意见及时修正厕改工作等。

（二）提高群众厕改意识，打造生态宜居家园

厕所改造与农村群众能否享受到高品质的美好生活息息相关，要积极组织开展农村厕所革命公益宣传活动，多层次、全方位、深入农户宣传农村改厕的重要意义。尽快转变农民群众传统思想观念，引导农民群众主动改厕，积极组织群众学习先进的厕改技术，不断提升厕改意识。加强基层党员干部和群众一起参加改造厕所使用与维护、粪污资源化利用等方面的技术培训，提高厕所建设及运行维护水平，真正使得厕所粪污资源化利用，实现生态宜居。

（三）加大科技研发投入，突破关键性技术瓶颈

研发出成本低、使用方便、经济性好的厕所模式需要加强科技支撑，特别是加强粪污资源化利用的科技支撑，将厕所粪污与农村生活污水、生活垃圾、畜禽粪污等统筹协同处理，遴选、推广绿色环保、节本高效的实用性技术，尽快形成适合我国国情的高效实用技术模式，提高粪污协同治理水平。另外，各地积极打造"政产学研"合作平台，加快高校和科研院所的先进技术从实验室"走出来"，推动厕所粪污资源化利用技术进步。

（四）建立利益联结机制，搭建政企农社共同体

农村厕所粪污处理不仅需要政府的领导和组织，还需要农民的积极配合，更重要的是充分发挥地方龙头企业、农民合作社、农业产业联合体等新型农业经营主体的技术优势、管理优势和资金优势等。在粪污抽取、粪污运输、粪污处理和粪污利用等环节，基层单位可以通过与新型农业经营主体合作或者通过购买服务的方式与其搭建利益联结平台，如此既能缓解基层单位人员紧缺的问题，又能帮助新型经营主体解决种植业施肥问题，还能借鉴养殖主体畜禽粪污处理的先进技术，从而加快农村厕所粪污处理。

（五）规范厕改设备标准，健全市场监管机制

厕所粪污处理设备标准不统一，相关监管机构不健全，信息不对称和监管不到位导致市场上厕改设备质量、规格和价格差异大，出现柠檬市场，严重损害消费者利益，因此，需规范厕改设备标准，如规范粪池的尺寸型号、质量标准、安全标准、厚度（可以根据南北方气温差异设置不同厚度）、价格空间等。同时，政府应加强对市场的监管，采取线上线下相结合的模式，开通群众热线等绿色通道，不断健全和规范市场秩序。

参 考 文 献

[1] 李新艳，李恒鹏，杨桂山，等. 江浙沪地区农村生活污水污染调查 [J]. 生态与农村环境学报，2016，32（6）：923-932.

[2] 黄圣彪，于双民，丁红雷. 山东省农村厕所改造情况的调研报告 [J]. 中国农村科技，2018（8）：75-79.

[3] 钱东，李浓. 广西农村厕所污水处理现状研究 [J]. 环境与发展，2019，31（11）：32-33.

[4] 雷恺云. 基于推进厕所革命需要解决的技术问题及措施建议分析 [J]. 农业开发与装备，2020（3）：105，115.

[5] 沈峥，刘洪波，张亚雷. "厕所革命"的现状、问题及对策思考 [J]. 农村工作通讯，2019（20）：54-57.

[6] 赵立欣. 全国人大代表赵立欣：加强规划编制与管理，推动乡村振兴起好步 [J]. 中

国勘察设计，2019（3）：44.

［7］黄俊生，胡守祥，何萍，等．关于畜禽粪污处理利用的思考［J］．今日畜牧兽医，2020，36（3）：71.

［8］张永江，周新群，吴限忠．从人民主体的角度对农村厕所革命的思考［J］．农村工作通讯，2019（16）：17-19，2.

［9］段海斌，李思翔，张淑萍．华宁推行农村"厕所革命"［J］．云南农业，2020（2）：39-40.

农村厕所及粪污处理标准体系研究*

本文对国内外农村厕所及粪污处理利用标准及标准体系现状研究分析，学习吸收国际先进标准，对我国现有标准查缺补漏，按照《标准体系构建原则和要求》（GB/T 13016—2018）构建农村厕所及粪污处理利用标准体系结构和框架，并提出当前我国农村改厕急需标准制修订建议，以期为推动农村改厕的标准化工作和保障农村"厕所革命"工作高质量推进提供标准支撑。

一、我国农村厕所及粪污处理标准体系研究必要性

标准引领是提高产品质量的技术保证，是推广新技术、新成果的桥梁。推进农村厕所标准化建设，形成标准化的生产、建设、管护体系，是贯彻落实党中央决策部署、提升改厕监管质量、有序规范农村改厕市场促进行业进步的必然要求。

（一）标准体系研究是贯彻党中央关于农村"厕所革命"决策部署的具体行动

党中央、国务院高度重视农村改厕工作。习近平总书记多次作出重要指示批示，要努力补齐这块影响群众生活品质的短板。2018 年以来，各地区、各有关部门认真落实党中央、国务院决策部署，取得了重大阶段性成效，全国累计改造农村户厕 3 500 多万户，农村卫生厕所普及率超过68％。"十四五"时期，是我国乘势而上开启全面建设社会主义现代化国家新征程、向第二个百年奋斗目标进军的第一个五年，也是全面推进乡村

---

* 课题主持人：张辉，农业农村部规划设计研究院。

· 93 ·

振兴加快农业现代化的五年。有序推进农村"厕所革命"已成为实施农村人居环境整治提升五年行动的重要任务之一。标准化建设，是科学指导、有序规范农村改厕行业发展的必然要求。完善的标准体系是规范改厕行为、净化市场环境、有序推进农村改厕工作的"良方"。国家市场监管总局、农业农村部和国家卫生健康委联合印发《关于推进农村户用厕所标准体系建设的指导意见》，要求建立农村户厕标准体系，发挥标准规范的引领和带动作用。通过开展农村厕所及粪污处理标准体系研究，加快补齐农村厕所标准体系短板，有步骤、有计划、有层次地稳步推进标准体系建设和标准编制，可为农村"厕所革命"健康有序发展提供有力支撑。

（二）标准体系研究是提升农村改厕建管质量的重要抓手

改厕质量决定了农村"厕所革命"的成败。2019年，中央农办、农业农村部等七部委联合印发《关于切实提高农村改厕工作质量的通知》，要求各地切实提高改厕质量，确保每一户厕所都质量优良、使用有效、群众满意。提升改厕质量，关键是要"有技可循，有标可依"。由于标准缺乏，一些改厕产品质量不过关，容易破损，施工和验收不规范，维修维护缺乏指导，粪污处理缺乏统一要求，导致部分农村厕所沦为摆设，粪污无害化处理不彻底，带来环境污染风险。开展农村厕所及粪污处理标准体系研究，推进农村改厕标准化工作，从农村改厕技术、产品、建设、管护等方面进行规范，对提升农村改厕工作效率，确保农村改厕质量，控制粪口疾病传播和二次污染风险，推动农村厕所可持续运行，具有重要推动作用。

（三）标准体系研究是建立市场化机制的重要支撑

当前，农村改厕主要依靠地方政府部门推动，社会资本投入和市场主体的活力仍然不足。由于缺乏标准规范，农村改厕评估鉴定依据不足，市场准入制度体系尚不完善；一些不规范的企业和施工单位采用劣质材料、降低施工成本等方式恶性竞争，造成劣币驱逐良币的现象，农村改厕市场还不太成熟。开展农村厕所及粪污处理标准体系研究，推进农村改厕标准化工作，规范市场行为和评估认证要求，对构建公平高效的市场环境，提升改厕市场活力具有推动作用。

二、国内外农村厕所及粪污处理标准体系研究现状

国外发达国家十分注重厕所卫生及粪污处理，建立了完善的标准体系，涵盖了厕具产品、施工建设、运营管理等多个方面，相比之下，我国仍处于起步阶段，急需借鉴国外先进经验。

（一）国外标准现状

1. 国际组织标准

国际标准化组织（ISO）于 2018 年 10 月颁布了 ISO30500《无下水道卫生系统—预制一体化处理装置—设计和测试的一般安全和性能要求》标准，这项标准在下水道、管道和电力等基础设施缺失的地区，为安全优质的厕所提供标准支撑。该标准明确了无下水道厕所系统输入和输出的组成及设计要求，并对系统使用过程中的安全性、功能性、可靠性以及环保性提出具体参数要求和检测验证方法。标准内容不涉及具体厕所系统的设备、安装、操作和管理等要求，仅为无下水道卫生系统提供一般安全性和性能要求，具有强大兼容性。任何无下水道技术标准只要满足 ISO30500 的对设备安全性和性能的要求均可作为其补充标准，纳入该标准中。

ISO24521（基础性生活污水就地处理服务系统）是与 ISO30500 配套使用的标准，为用户和运营商提供了基础性的生活污水就地服务管理指南，包括基础性生活污水就地处理系统的设计和施工、规划、运行、维护以及健康和安全问题。该标准有两个主要部分组成，一部分是关于保障用户和公共健康，另一部分包含基础性生活污水就地处理系统的质量、性能。该标准是从操作人员角度去编写的，可以帮助使用者制定检查清单、最优方案，并提供安全、健康、沟通实践和计划等。目前全世界已经有 18 个国家采用了 ISO24521。

此外，国际标准化组织（ISO）在生活污水、粪便污泥、废水和饮用水相关标准中也对厕所改造及粪污处理做了相关规定。比如，《粪便污泥处理装置》（ISO IWA 28：2018（E））对粪便污泥处理装置的适用范围、安全性指标以及工作性能指标进行了规定。《水体质量》（ISO 9308－2：

2012）标准对污水中大肠杆菌的统计方法进行了规定，可为粪污处理以及污水排放要求相关标准的制定提供参考依据。

2. 发达国家标准

日本于1985年成立了"日本公厕协会"，并在全国范围内开始了"厕所革命"，建立了一套不同于城市的农村污水治理法规体系：城市（人口数量＞5万或人口密度＞40人/公顷的集中居住地）适用《下水道法》，农村地区主要适用于《净化槽法》。其中，《净化槽法》涵盖了净化槽设计与制造、安装维护、运行管理、达标要求、性能评价等全过程的法规和标准，可以为厕污污水一体化生物处理技术工艺的规范化提供参考。澳大利亚现行标准《生活污水处理单元》（AS/NZS1546—2008）以农村厕所化粪池、堆肥厕所为主体，规定了施工建设、技术工艺、排放和产物等方面的要求，可为化粪池类厕所和堆肥式厕所标准的编制提供参考；《生活污水现场管理》（AS/NZS1547—2000）标准，从生活污水处理设施的运行管理和监测评价提出规范性要求。加拿大更加注重厕所及粪污的服务和评价标准的规定，《饮用水和废水的处理》（CAN/CSA - Z24511 - 10）系列标准重点对服务评价提出规范性要求，以上运行和管理方面的标准，可为农村厕所的运行维护提供借鉴。

欧盟对包含厕所粪污处理在内的废水处理系统制定了相关标准，其中《50PT小型废水处理系统》（EN12566：2016）标准针对民用50PT污水处理系统的预制化粪池、土壤渗透系统、生活废水处理系统、预制现场组装化粪池、预处理废水过滤系统、化粪池废水预处理系统和污水前处理装置进行了规定，该标准涵盖了污水处理系统的通用技术产品、施工建设、卫生安全、运行维护、检测评价和粪污贮存处理等全链条环节，覆盖面广，专业性强，可以为农村改厕各环节标准的制定提供借鉴。

（二）国内标准现状

1987年，国家卫计委发布实施了《粪便无害化卫生标准》（GB 7959），这是中国第一个与农村厕所有关的国家标准，首次确定温度和持续时间、粪大肠菌群、蛔虫卵死亡率、沙门氏菌等作为粪便无害化卫生学主要指标，并规定了卫生要求限值和监测检验方法，该标准于2012年修订并沿用至今，已成为粪污无害化的基本遵循。2003 年，国家卫计委组织制定了《农村户厕卫生标准》（GB 19379），首次提出了三格化粪池厕所、双瓮漏斗式厕所、三联通沼气池式厕所、粪尿分集式生态厕所、双坑交替式厕所、节水高压水冲式厕所等 6 项主推改厕技术，从建筑设计和卫生管理方面进行了规定，该标准于 2012 年修订，为中国农村改厕技术模式选择提供了依据。随着农村环境污染治理工作的推进，相关部门围绕农村生活污水治理、便器、化粪池、粪便处理厂等方面，编制了相关标准，为农村改厕及粪污处理提供了借鉴。2020 年，农业农村部组织制定了《农村三格式户厕建设技术规范》（GB 38836）、《农村三格式户厕运行维护规范》（GB 38837）、《农村集中下水道收集户厕建设技术规范》（GB 38838），首次针对全国广泛使用的三格式户厕和农村集中下水道收集户厕，制定了专用标准，从设计、安装与施工、工程质量验收等环节进行了详细规定，并对三格式户厕的日常使用、粪污管理、维护、应急处置等提出了具体措施。这是当前农村改厕最亟须的标准，标准的实施可为农村厕所革命提供指导。

截至目前，中国农村厕所改造及粪污处理现行国家标准和行业标准共 22 项（表1），为农村改厕工作发挥了积极作用。但随着农村人居环境整治工作深入推进，中国农村改厕工作全面铺开，市场主体异常活跃，两年时间内（2018—2019）农村改厕企业从几百家增加到 2 万多家，农村改厕市场鱼龙混杂、产品质量参差不齐，农村改厕标准体系不健全不完善等问题日益凸显。

表 1　中国农村厕所改造及粪污处理现行国家标准和行业标准

层次	序列	标准名称	标准号	归口单位
基础标准	—	—	—	—
通用标准	产品设备标准	—	—	—
	工程建设标准	农村生活污水处理工程技术标准	GB/T 51347—2019	中华人民共和国住房和城乡建设部
		污水自然处理工程技术规程	CJJ/T 54—2017	中华人民共和国住房和城乡建设部
		坐便器安装规范	JC/T 2425—2017	全国建筑卫生陶瓷标准化技术委员会

（续）

层次	序列	标准名称	标准号	归口单位
通用标准	技术方法标准	下水道及化粪池气体监测技术要求	GB/T 28888—2012	全国城镇给水排水标准化技术委员会
		农村生活污水处理导则	GB/T 37071—2018	中国标准化研究院
	运行管理标准	—	—	—
	安全卫生标准	农村户厕卫生规范	GB 19379—2012	中华人民共和国卫生部和全国爱国卫生运动委员会
		粪便无害化卫生要求	GB 7959—2012	中华人民共和国卫生部
专用标准	产品设备标准	免水冲卫生厕所	GB/T 18092—2008	中华人民共和国住房与城乡建设部
		活动厕所	CJ/T 78—2011	住房和城乡建设部城镇环境卫生标准技术委员会
		塑料化粪池	CJ/T 489—2016	住房和城乡建设部给排水标准化技术委员会
		玻璃钢化粪池技术要求	CJ/T 409—2012	住房和城乡建设部建筑给排水标准化技术委员会
		预制钢筋混凝土化粪池	CJ/T 2460—2018	全国水泥制品标准化技术委员会
	工程建设标准	粪便处理厂设计规范	CJJ 64—2009	住房和城乡建设部
		农村三格式户厕建设技术规范	GB/T 38836—2020	中华人民共和国农业农村部
		生活污水净化沼气池施工规程	NY/T 2601—2014	中华人民共和国农业部
		农村集中下水道集中收集户厕建设技术规范	GB/T 38838—2020	中华人民共和国农业农村部

（续）

层次	序列	标准名称	标准号	归口单位
专用标准	技术方法标准	农村沼气"一池三改"的技术规范	NY/T 1639—2008	中华人民共和国农业部科技教育司
		机械式便器冲洗阀节水认证技术规范	CQC 3207—2016	中国质量认证中心
		非接触式便器冲洗阀认证技术规范	CQC 3208—2009	中国质量认证中心
		压力冲洗水箱节水认证技术规范	CQC 3209—2016	中国质量认证中心
	运行管理标准	农村三格式户厕运行维护规范	GB/T 38837—2020	中华人民共和国农业农村部
		粪便处理厂评价标准	CJJ/T 211—2014	住房和城乡建设部
	安全卫生标准	—	—	—

一是基础标准空白。目前，中国农村厕所改造及粪污处理尚无基础标准。由于缺乏术语标准，净化槽和一体化生物处理设备、源分离资源型厕所和粪尿分集式厕所、一体化方便器和生物降解式厕所等概念模糊交叉，缺乏统一的规范表述。分类标准的缺乏，导致少水与节水厕所、生物与非生物厕所等界限划分不清。同时标准图集的短缺，使厕所产品规格选择、设计施工等非标化问题突出。

二是通用标准缺乏。包括产品设备、工程设计、技术方法、建设验收、运行管理与安全卫生环保等要求。目前，中国农村厕所改造及粪污处理现行通用标准共7项。在工程建设方面，发布实施了《农村生活污水处理工程技术标准》《污水自然处理工程技术规程》《坐便器安装规范》3项标准，但农村厕所和粪污处理设施相关建设标准缺乏。在技术方法方面，农村厕所及粪污处理应涵盖产品生产、设计施工、运行维护等全链条的技术方法，而目前仅有《下水道化粪池气体检测技术要求》《农村生活污水处理导则》2 项。在安全卫生环保方面，发布实施了《农村户厕卫生规范》《粪便无害化卫生要求》，仅针对 6 种常用改厕技术提出了卫生要求，随着农村改厕新技术的不断涌现，现有标准已不能满足需求。此外，产品设备标准和运行管理标准仍是空白。

三是专用标准不足。中国现行专用标准 15 项，包括化粪池、活动厕所、免水冲厕所等产品设备标准，《农村三格式户厕建设技术规范》《生活污水净化沼气池施工规程》《农村集中下水道集中收集户厕建设技术规范》《粪便处理厂设计规范》等工程建设标准，以及《农村三格式户厕运行维护规范》《粪便处理厂评价标准》等运行管理标准。针对广泛应用的双瓮式户厕、粪尿分集式户厕、卫生旱厕等，以及新兴改厕技术类型仍缺乏专用标准规范。

综上所述，我国在农村厕所及粪污处理方面的标准体系研究工作处于起步阶段，且分别出自于诸多不同部门，标准间联系性不强、数量不足、覆盖范围小，未能形成完整的农村厕所及粪污处理标准体系。对照国内外先进成熟的农村厕所改造及粪污处理利用相关标准及体系固件，现阶段亟须建立符合我国改厕实际情况的农村厕所及粪污处理利用标准体系，加强标准制定的基础研究工作、补齐标准缺失短板，加快推进农村厕所及粪污处理利用向标准化、规范化、产业化发展，为我国农村厕所及粪污处理标准体系的全面构建提供参考。

三、农村厕所及粪污处理标准体系框架研究

（一）标准体系构建原则

依据《标准体系构建原则及要求》（GB/T 13016—2018），结合中国农村改厕及粪污处理产业和行业的实际需求和发展方向，标准体系构建应遵循以下原则：

（1）系统设计，协调配套。充分考虑农村厕所革命的长期性和复杂性，立足当前、着眼长远，做好标准体系的顶层设计和系统谋划，并及时

调整优化，标准体系应层次分明，标准间相互衔接协调，确保农村改厕及粪污处理全链条有标可依。

（2）结合实际，科学构建。统筹考虑不同地区的地理、气候、民俗、经济发展阶段、产业发展需求和农民期盼，对标先进成果和国际标准，兼顾实用性和先进性，采用科学方法和手段构建标准体系。

（3）先急后缓，逐步推荐。针对当前农村改厕工作的主要问题和薄弱环节，聚焦重点难点，抓紧编制急需的有关标准，充分反映产业和行业的发展趋势，立足实际，循序渐进，逐步完善标准体系。

通过标准体系的构建，为标准制定提供顶层设计和基本依据，促进农村改厕标准制定走上规范化道路。

（二）标准体系框架构建

农村改厕是一个系统工程，改厕过程涉及多个环节，而且不同的厕所类型其产品生产、建设施工、运行维护及粪污收集处理等环节不完全相同。因此，标准体系的分类可以从若干不同纬度进行划分，如序列维、门类维、层次维、专业维、生命周期维等。对标准体系结构框架进行表达时，可将众多纬度中的一项作为已知项，其他项作为可变项，进行多维度的分析和研究。本标准体系框架按照农村厕所改造及粪污处理标准体系构建原则，根据系统工程方法论中的三维结构体系，建立了我国农村厕所改造及粪污处理利用三维结构图（图1），主要包括层次、序列和门类3个

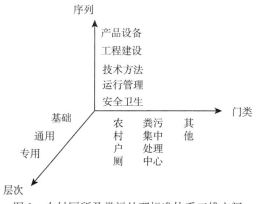

图1 农村厕所及粪污处理标准体系三维空间

维度，层次划分为基础标准、通用标准和专用标准，序列维划分为产品设备、工程建设、技术方法、运行管理、安全卫生等，门类划分为农村户厕、粪污处理中心和其他等。基于基础标准、通用标准、专用标准3个层次，构建了标准体系框架图（图2）并结合农村改厕现状对专用标准层次进行了细化（图3）。

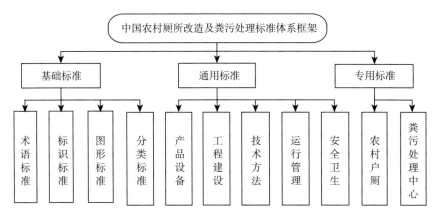

图2　农村厕所及粪污处理标准体系框架

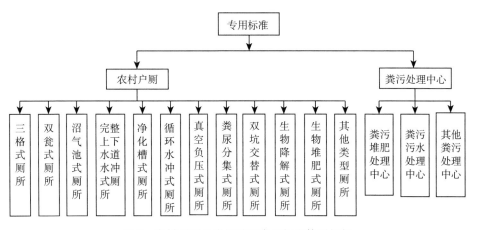

图3　农村厕所及粪污处理专用标准体系框架

（三）制修订标准研究

针对我国农村厕所及粪污处理标准体系存在的问题，结合所提出的我国农村厕所及粪污处理标准体系框架，系统地研究提出制修订标准，见表2。

表2 农村厕所及粪污处理标准体系制修订建议

层级	标准名称	标准编号	编制状态	归口单位
基础	农村厕所基础术语与分类		拟编	
	粪污集中处理中心基础术语与分类		拟编	
	农村厕所图集		拟编	
通用	农村户厕卫生规范	GB 19379—2012	修订	中华人民共和国卫生部和全国爱国卫生运动委员会
	粪便无害化卫生要求	GB 7959—2012	修订	中华人民共和国卫生部
	免水冲卫生厕所	GB/T 18092—2008	修订	住房与城乡建设部城镇环境卫生标准技术
	农村卫生旱厕建设技术规范		拟编	
	农村无害化卫生厕所评价方法		拟编	
	厕所粪污处理技术导则		拟编	
	厕所粪污处理利用技术要求		拟编	
	农村户厕产品设备通用要求		拟编	
	农村户厕建设技术规范		拟编	
	农村户厕运行管理规范		拟编	
	厕所粪污处理产品设备通用要求		拟编	
	厕所粪污集中处理中心建设技术规范		拟编	
	厕所粪污集中处理中心运行管理规范		拟编	
	农村水冲式厕所运行管理规范		拟编	
	农村非水冲厕所运行管理规范		拟编	
	农村砖砌式三格化粪池户厕施工与验收规范		拟编	
	农村免水冲生物填料旱厕建设技术规范		拟编	
	农村三格式户厕图集		拟编	
	农村水冲式户厕质量验收规范		拟编	
	农村非水冲厕所评价规范		拟编	
	双瓮式厕所		拟编	
	粪尿分集式厕所		拟编	

（续）

层级	标准名称	标准编号	编制状态	归口单位
通用	沼气池式户厕技术规范		拟编	
	双坑交替式厕所		拟编	
	微生物堆肥式厕所		拟编	
	微生物降解式厕所		拟编	
	真空负压式厕所		拟编	
	净化槽式厕所		拟编	
	卫生旱厕		拟编	
	循环水冲式厕所		拟编	
	农村厕所粪污与生活污水一体化处理设备		拟编	
	农村净化槽式户厕技术规范		拟编	
	厕所粪污堆肥集中处理中心		拟编	
	厕所粪污沼气工程集中处理中心		拟编	
	厕所粪污与污水协同集中处理中心		拟编	

1. 填补基础标准空白

根据农村厕所与粪污处理标准体系框架梳理现行国家和行业标准发现，农村厕所及粪污处理利用基础标准空白，缺少农村厕所及粪污处理利用方面的术语、分类、图形以及标识的相关标准服务和指导农村厕所及粪污处理利用在产业和行业内沟通的统一性。尽快编制农村厕所改造及粪污处理相关术语、分类、图集等基础标准。《农村厕所基础术语》标准应对现有厕所主要类型、关键部件、处理工艺等方面的专有名词内涵及适用范围进行规范，特别是对净化槽和一体化生物处理设备、源分离资源型厕所和粪尿分集式厕所、一体化方便器和生物降解式厕所等容易混淆的概念进行明确。《农村厕所分类》标准应依据资源投入、粪污处理利用方式等不同分类方法，对厕所进行详细分类，特别是明确水冲式、少水冲式、微水冲式、循环水冲式和无水冲式厕所的分类标准，明确生物式厕所、非生物式厕所的分类标准。《农村厕所图集》标准应对现有厕所的设计、施工、结构等绘制标准化图纸。

2. 补齐通用标准短板

围绕农村厕所改造及粪污处理相关产品设备、工程建设、技术方法、运行管理、安全卫生等方面标准存在的短板，尽快编制通用标准。在产品设备方面，编制厕具、厕屋、粪便收集排放系统、粪污贮存处理等相关产品设备标准，应与城市厕所有所区分，突出农村户厕产品设备特点。在工程建设方面，应逐步完善户厕和粪污集中处理中心工程设计、施工建设及工程验收等方面的规范要求，加快编制关于农村户厕建设技术规范、厕所粪污集中处理中心建设技术规范和中小型粪污分散处理设施技术规范等标准，保障农村厕所及粪污集中处理中心的工程建设质量。在技术方法方面，应重点对粪污好氧发酵、厌氧发酵、兼氧贮存等无害化处理技术进行规定，对无害化卫生厕所评价方法进行规范，确定新型病原体、抗生素、盐分等指标检测方法。在运行管理方面，应对户厕和粪污无害化处理中心日常管护、服务维修、应急处置等方面进行规定。在安全卫生方面，尽快启动《农村户厕卫生规范》《粪便无害化卫生要求》修订工作，将净化槽式厕所、循环水冲式厕所、生物降解式厕所、生物堆肥式厕所等新兴厕所类型纳入标准范围，提出安全卫生和粪便无害化要求。

3. 及时补充专用标准

尽管国家标准《农村户厕卫生规范》中已提出 6 种无害化卫生厕所，但仅农村三格式户厕有相关的专用标准，其他 5 种厕所类型并无专用标准，缺少对上述国家标准进一步的细化，导致实际应用中可操作性不强。针对目前广泛推广应用以及逐渐兴起的厕所类型，尽快编制关于"双瓮式厕所""粪尿分集式厕所""沼气池式厕所""双坑交替式厕所""生物堆肥式旱厕""真空负压式厕所""净化槽式厕所""循环水冲式厕所"等标准，对产品设备、工程建设、技术方法、运行管理及安全卫生等方面提出具体要求。编制关于"厕所粪污堆肥集中处理中心""厕所粪污沼气工程集中处理中心""厕所粪污与污水协同集中处理中心"等技术规范专用标准，完善厕所粪污集中处理和资源化利用的规范化要求，保障农村厕所的可持续运行。

四、农村厕所及粪污处理标准体系实施研究

(一) 标准体系实施评价

构建农村厕所及粪污处理标准体系的最终目的在于用其指导我国农村厕所改造工作，即标准体系的实施。农村厕所及粪污处理标准体系的实施包括三个环节：体系建立、体系评价及体系优化（图4）。

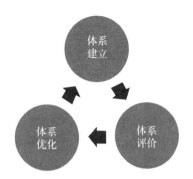

图4　农村厕所及粪污处理标准体系实施过程

农村厕所及粪污处理标准体系建立后，为了能充分发挥标准体系的作用、验证其科学性和合理性，需要开展标准体系完整性、规范性、合理性等评价。其中，完整性主要是指构建的标准体系是否能全链条覆盖，是否能满足农村厕所及粪污处理工作开展的使用范围；规范性主要是指在构建标准体系的过程是否按照标准体系构建原则和规范，标准体系质量是否符合规范要求；合理性主要指构建的标准体系是否与国家相关的法律法规等相违背，标准之间是否有相互矛盾、表意不清的情况等。具体评价流程如图5所示。

(二) 标准体系优化

1. 优化体系要素

优化体系的要素是指对体系中各个标准进行改善和优化。通常使用的优化方法有两种：一种是代替方法，另一种是选择方法。代替方法是在农村厕所及粪污处理标准体系中用更为先进、合理的标准取代原有陈旧的、

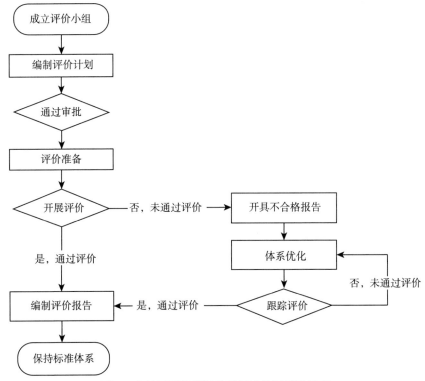

图5　农村厕所及粪污处理标准体系评价流程

不合乎农村厕所及粪污处理使用需求的标准。这种方法的产生主要是随着科学技术的发展及人民生活水平的提高，逐步产生，此类标准多涉及安全、环保等相关方面。选择方法是在新标准的设立过程中，标准体系设立的相关部门按照标准技术的实际水平和拟定的标准编制方案，以标准体系的评价指标作为参考，确定标准编制的优先次序，选择优秀和急需的标准作为标准体系的构成要素。

2. 优化体系结构

结构作为农村厕所及粪污处理标准体系的重要组成部分，其合理性和完善性，在很大程度上决定了标准体系功能的实现。体系结构的优化需要衡量现有标准体系结构是否能够涵盖当前以及未来农村厕所及粪污处理的范围和发展方向需求，然后有步骤、有层次的对标准体系结构中每部分进行优化升级。

五、结论与建议

农村厕所及粪污处理标准体系是科学指导农村厕所改造和粪污处理、推动行业进步和产业发展的重要手段，也是联系政、产、学、研、用的重要纽带。尽管已有部分农村改厕产品设备、施工建设和粪污处理的标准，但在系统性、适用性、前瞻性等方面存在不足，缺少标准体系的指导和整体规划，无法满足农村"厕所革命"长远发展的需求。因此，以农村厕所建设与管护标委会为抓手，针对当前农村改厕工作存在的突出问题和薄弱环节，要抓紧编制急需的有关标准，进一步完善农村厕所建设与管护标准体系。要抓好标准宣传推广，提高基层干部、农民群众、科研院所、企业等各方标准化意识。要加强规范运作管理，提高标准研制质量，确保制订修订的每一项标准都经得起实践检验。要发挥专家智库作用，组织开展科研攻关、技术集成和试点示范，提供更多适合农村实际、经济实惠、老百姓乐见乐用的新技术新产品。并提出以下建议：

一是加快完善农村改厕标准体系。要按照《关于推进农村户用厕所标准体系建设的指导意见》的要求，有步骤、有计划、有层次的稳步推进标准体系建设。加强标准规范和行业指导，尽快启动一批急需标准的编制。指导地方因地制宜，编制符合当地改厕工作实际的地方标准。也要指导企业和社会团体开展相关标准编制工作，充分激发市场主体的活力。

二是强化标准编制研究支撑。当前，一些改厕技术产品还不够成熟，达不到标准编制的程度，还需要通过大量的研究和试验示范，才能上升到标准层面。各位专家委员要依托所在研究平台，继续扎实开展标准编制基础研究工作，要基于实际需求研究先进实用的技术产品和运行管护模式，要放眼全球引进消化吸收一批国外先进的技术、工艺及关键设备，不断提升我国标准研究编制技术水平。

三是加快急需标准编制工作。建议尽快启动《农村厕所基础术语》《农村厕所分类》《厕所粪污集中处理中心建设技术规范》等3项国家标准和《厕所粪污处理利用导则》《卫生旱厕》《无害化卫生厕所评价标准》等3项行业标准编制工作，适时启动《农村户厕卫生规范》《粪便无害化卫生要求》修订工作。

四是鼓励各地积极编制地方标准。我国幅员辽阔、区域差异大，农村厕所类型多样、粪污处理利用途径不同。建议尽快制定印发《关于完善农村厕所标准体系指导意见》，并鼓励各地在国家和行业标准的基础上，因地制宜，编制出台地方标准。为缩短地方标准立项和发布时间，可鼓励各地以政府文件的形式先行发布，并同步开展标准立项工作。

五是探索建立基于标准化的市场制度。要在标准体系不断完善的基础上，探索建立健全农村改厕评估鉴定、市场准入和市场监管的制度体系。要建立专门的农村厕所产品检测鉴定机构，对产品质量把关。探索建立农村改厕产品生产许可制度、工程质量责任制度、技术服务专项认证制度，提高市场准入门槛。加强市场监管，逐步将以次充好、扰乱市场秩序的企业和"三无"产品清理出市场，建立健康有序、充满活力的市场秩序，确保农村改厕落到实处、取得实效。

参 考 文 献

[1] 顾维中. 健全标准体系引领高质量发展 [N]. 中国质量报，2020-09-11 (3).

[2] 云振宇，刘文，孙昭，等. 浅析我国农业社会化服务标准体系的构建与实施 [J]. 农业现代化研究，2014，35 (6)：685-689.

[3] 赵跃龙，石彦琴. 中国农业工程建设标准体系概述 [J]. 中国农学通报，2017，33 (20)：128-132.

[4] 徐学万，等. 我国农业标准体系建设问题与对策分析 [J]. 农产品质量与安全，2017 (1)：36-38.

[5] 张书. 农业生产服务标准体系研究 [J]. 中国标准导报，2016 (3)：45-47，51.

[6] 刘恬渊，等. 2014年度中国、美国、日本、韩国四国国家标准的比较分析 [J]. 图书馆理论与实践，2015 (9)：34-37.

[7] 云振宇，等. 浅析我国美丽乡村标准体系构建 [J]. 中国标准化，2015 (9)：66-72.

[8] 岳高峰，张成宇. 浅析标准体系的原理和基本概念 [J]. 中国标准化，2011 (11)：53-56.

[9] GB/T 13016—2018《标准体系构建原则和要求》解读 [J]. 机械工业标准化与质量，2018，545 (10)：27-32.

[10] 郭德华，李景，李波. 中国、美国、英国和日本国家标准的比较分析 [J]. 世界标准化与质量管理，2 008 (07)：27-30.

［11］张建新，等．农业标准体系范围与建设思考［J］．中国标准化，2004（2）：51 –
54，56.

［12］中华人民共和国标准化法［J］．商品经济与标准化计量，1989（1）：9 – 11.

［13］国际标准化组织．Non – sewered sanitation systems – Prefabricated integrated treat-
ment units – General safety and performance requirements for design and testing［S］.
UN：ISO 30 500，2018.

农村厕所粪污处理现状、问题、技术模式和投资需求测算研究*

一、研究背景

2018 年中共中央国务院印发的《乡村振兴战略规划（2018—2022年）》中关于建设生态宜居的美丽乡村提到在"厕所革命"同时推进厕所粪污无害化处理和资源化利用。2019 年 1 月《关于推进农村"厕所革命"专项行动的指导意见》指出应积极推动农村厕所粪污资源化利用，鼓励各地探索粪污肥料化、污水达标排放等经济实用技术模式，推行污水无动力处理、沼气发酵、堆肥和有机肥生产等方式，防止随意倾倒粪污，解决好粪污排放和利用问题。同年，中央农办、农业农村部等部门《关于切实提高农村改厕工作质量的通知》提出不能就改厕搞改厕，要优先解决好厕所粪污收集和利用去向问题，与农村生活污水治理有机衔接、统筹推进。

2020 年中央 1 号文件明确提出对标全面建成小康社会加快补上农村基础设施和公共服务短板。农村厕所问题这块影响群众生活品质的短板仍需加快补齐，在改造建设农村厕所时应同步做好粪污处理实现无害化、资源化，如何对农村厕所粪污进行合理处理与处置，攻克实施过程中的难题迫在眉睫。2020 年 7 月，农业农村部、生态环境部、国家卫生健康委三部门联合印发《农村厕所粪污无害化处理与资源化利用指南》《农村厕所粪污处理及资源化利用典型模式》，指导地方以就地就近处置、源头控污减排为原则，切实解决农村厕所粪污处置难、利用难问题。《指南》提出了水冲式厕所粪污分散处理利用、水冲式厕所粪污集中处理利用、卫生旱厕粪污处理利用、简易旱厕粪污处理利用 4 种主要方式，介绍了政府全程

---

* 课题主持人：周雪飞，同济大学环境科学与工程学院教授。

管理、引入第三方专业服务组织、委托新型农业经营主体、依托村集体、农户自用 5 种运行机制，强调要确保无害化处理效果、坚持与农业生产相结合、加强运行维护、逐步开展风险监测评价。《典型模式》根据组织管理、资金投入、技术模式、运行管护、主体参与等方面情况，推介了以政府为主导、以第三方专业服务公司为主导、以新型农业经营主体为主导、以农户为主导的 9 种典型。这些模式各具特色、各有侧重、具有较强针对性和可操作性。两份文件明晰了农村厕所粪污无害化利用和资源化利用方法，提供了有力的理论支撑，积极推进了农村厕所粪污无害化处理与资源化利用。而我国不同地区气候环境、经济条件、地形位置、生活行为等条件存在差异性，粪污处理方式和利用程度也各不相同，在国家政策积极扶持和指导背景下，仍需全面掌握我国农村厕所粪污处理的实际情况和存在的问题，并找到粪污无害化资源化处理的限制因素，为寻求适合的技术模式提供翔实依据。

二、不同地区农村厕所粪污处理现状

（一）华北地区

华北地区包括北京市、天津市、山西省、河北省、内蒙古自治区。根据区域寒冷的气候、水污染控制要求和经济发展水平，平原地区农村污水处理选择了受气温影响较小、污染物去除效果较好、出水可再生利用的技术。改厕上使厕所入户进院，采用水冲式厕所，建立管网集中收集处置系统，最终实现达标排放[1]。村民居住集中连片区域，统一规划建设了小型处理设施对粪污进行集中收集处理；农户分散居住地区和无污水管网建设计划的村庄，推广使用了三格式无害化户厕，对粪污进行厌氧发酵[2]。

（二）东北地区

东北地区包括黑龙江省、吉林省、辽宁省。在该区域内，既有大兴安岭、长白山等山地，也有东北平原等平原地形；重点流域有辽河和松花江。由于气候寒冷，经济发展水平不高，目前大部分农村尚没有污水处理设施，或者已建污水处理设施难以正常运行。该地区则采用三格化粪池厌氧发酵技术，鼓励加大水冲式卫生厕所建设比例，提倡改厕入户，确保冬季正常使用[3]。

（三）华东地区

华东地区包括上海市、江苏省、浙江省、安徽省、福建省、江西省、山东省。该地区经济较发达、人口密度大、水网密集，耕地面积少，环境负荷高，重点推广的技术模式有：一是"粪污专业化能源利用"模式。依托大规模养殖场或第三方粪污处理企业，对一定区域内的粪污进行集中收集，通过大型沼气工程或生物天然气工程，沼气发电上网或提纯生物天然气，沼渣生产有机肥，沼液还田利用。二是"异位发酵床"模式。粪污通过漏缝地板进入底层或转移到舍外，利用垫料和微生物菌进行发酵分解。采用"公司＋农户"模式的家庭农场宜采用舍外发酵床模式，规模生猪养殖场宜采用高架发酵床模式。三是"污水肥料化利用"模式。对于有配套农田的规模养殖场，养殖污水通过厌氧发酵进行无害化处理，配套建设肥水输送和配比设施，在农田施肥和灌溉期间，实行肥水一体化施用。四是"污水达标排放"模式。对于无配套农田养殖场，养殖污水固液分离后进行厌氧、好氧深度处理，达标排放或消毒回用[4]。

（四）华中地区

华中地区包括河南省、湖北省、湖南省。在污水管网覆盖地区，以及饮用水水源保护区、风景名胜区、生态保护区（带）内和其他有条件的村庄，推广使用完整下水道式对粪污进行收集处置；在污水管网覆盖不到的地区推广使用三格化粪池式进行厌氧发酵[5]；在不适宜三格化粪池等施工的丘陵地区，以贮粪池不渗不漏、粪便不暴露为基本要求，因地制宜推广使用其他卫生厕所，并适量通过自然光照和高效菌剂，加快粪污致病菌的杀灭与污染物的去除[6]。

（五）西南地区

西南地区包括四川省、云南省、贵州省、重庆市和西藏自治区。在城镇污水管网覆盖到的村庄和农村新型社区，通过管网将厕所污水与一般生活污水一并收集处理。农村厕所粪污原则上以"水冲厕＋装配式三格化粪池＋资源化利用"方式为主，开展农村无害化卫生厕所建设[7]。此外，四川省农村地区常利用已有户用沼气池或大中型沼气工程，统筹处理农村厕所粪污、畜禽粪污、农作物秸秆等农业农村有机废弃物，实现沼气、沼渣、沼液综合利用[8]。

（六）西北地区

西北地区包括陕西省、甘肃省、青海省、宁夏回族自治区、新疆维吾尔自治区。城镇、城郊污水管网覆盖到的农村，推广水冲式等无害化卫生厕所，粪污与一般生活污水经污水处理厂后达标排放；该地区以粪污实现无害化处理和资源化利用为主，因地制宜、集中连片、整村推进，建设双瓮式、三格化粪池式、三联式沼气池、污水处理站，粪污经微生物好氧、厌氧处理实现无害化过程[9]。在干旱山区、高寒地区、经济欠发达地区及偏远、居住分散的村庄，多采用卫生旱厕、生态旱厕，在旱厕内投加微生物菌剂，加快杀灭致病菌，实现无害化目的[10]。

（七）华南地区

华南地区包括广东省、海南省、广西壮族自治区。对分散偏远的农村厕所，粪污主要采取三格式化粪池处理后进行资源化利用；对相对集中居住的，以联户、联村、村镇一体治理，终端接入污水管网统一处理为主要方式，因地制宜推进厕所粪污分散处理、集中处理或接入污水管网统一处理，实行"分户改造、集中处理"与单户分散处理相结合推进[11]。在机制建设上完善村使用、粪污运输、无害化处理三个关键环节。粪渣采用集中式处理，较好地解决化粪池污水直排、简易处理、粪污处理脱节、粪污清淘机制不健全等问题[12]。

三、农村厕所粪污处理存在的问题

（一）修建粪污处理工程难度大

首先，在经济发达地区，农民对于粪污处理工程有很大的支持，并很快完成了粪污处理建设工程任务；相对落后、贫困的农村地区还未有效开展此项工作。近年来农村剩余劳动力外出打工，留在农村的是一些"老、弱、病、残"人员，以及一些"边、山、穷"等经济较差地区，给粪污处理工程建设带来很大难度，甚至出现了"等、靠、要"的依赖思想[13]。其次，粪污处理工程建设是一项长期艰巨的任务，必须有经费保障[14]。一些农村资金来源渠道狭窄，筹资渠道不畅，投入保障机制尚不健全等，导致农村粪污处理工程很难实施。此外，建设技术人员技术水平差，建造的粪污处理工程存在质量问题等，也严重挫伤农民参与的积极性[15]。

（二）卫生意识和宣传薄弱

由于地理条件、经济发展不平衡，各地农村居住环境、文化素质、风俗习惯等存在较大差异，对于粪污处理工程的普及还存在一些困难和问题，部分农村居民深受风俗习惯的影响，对建设工程工作的必要性和紧迫性缺乏认识，对改厕工作存有抵触情绪[16]。农村对于粪污处理工程建设的随意性很大。部分农村地区虽然制定了周密的计划和完整的工作规范，在实施过程中，由于缺乏健康知识宣传，未将相关的卫生常识与粪污处理工程有机结合起来，导致农民对于改厕不是很认可[17]。

（三）缺乏统筹规划、管理和监督

粪污处理工程工作尚未建立有效监管机制，一方面粪污处理项目资金运用缺乏有效监管，致使不能发挥出最大的功效；另一方面粪污处理工程涉及多部门，出现问题，不能及时解决，导致粪污处理工作不能顺利进行；第三是粪污处理工程设计、施工、效果、效益等缺乏专门机构制定验收标准对其进行验收评估，对粪便无害化处理效果未能进行科学评价，导致部分在建处理设施不合格，造成资源浪费[18]。

四、农村厕所粪污处理的技术模式

（一）部分省市粪污处理技术模式调研分析

本研究调研地选取我国华北地区、东北地区、华东地区、华中地区、西南地区、西北地区的典型省份或地区，基本实现了全国范围的覆盖。从上述各省中选取调研地，保证了调研样本的差异性和多样化，有利于对我国各地区农村粪污处理情况的全局掌握，也便于通过调研案例进一步深化总结各地区之间的共性和差异性，能够为后续提出因地制宜粪污处理模式提供实际论据和支撑。基于以上原则，选取了山西省、辽宁省、江苏省、河南省、云南省、青海省等地进行实地调研分析。

1. 山西省

山西省的调研范围包括运城市、临汾市、长治市、晋城市、阳泉市、晋中市、吕梁市、朔州市、大同市等多个地区，涉及阳曲县、灵丘县、阳泉郊区、怀仁市、青岚县、介休市、长子县、泽州县、岚县、洪洞县、盐湖区等 11 个县（市、区）。运城市等西南地区对三格化粪池水冲式厕所使用比较满意，粪污得到无害化降解。但因缺乏管网收集，厕所污水和生活污水常泼洒至院子和厕所坑内，或者排入门前的雨水沟渠。部分粪便作为进行好氧堆肥的一部分、厌氧条件下产生沼气用来发电、尿液浓缩生产氮肥等。晋东南地区已改造的厕所主要采用 2009 年之前提倡的旱厕＋通风改良为主的模式，清淘完的粪便没有任何的处理设施，当作废物直接倾倒到村外田地或坑沟里，未达到无害化和资源化的目的。晋中等中部地区，粪污主要被用于堆肥处理后进行农田施肥，但常出现由于冬季温度低导致肥效不足的现象，粪污的资源化利用程度较低。晋北地区统筹厕所粪污和餐厨垃圾等资源化关系，统筹厕所经济和地方产业的关系，实现改厕和粪污处理"无害化、用得好、用得起"。针对经济较好且已接通上下水的农村地区，改造成水冲式厕所，结合农村分散污水处理装置，实现污水处理农田回用。

2. 辽宁省

辽宁省的调研地点为铁岭市。发现农户在实际处理粪便时一般采用就近排放或者简易堆肥的方式，存在健康风险、污染危害以及资源浪费的问题。一些乡村厕所存在不同程度的冻结和渗漏，有可能导致地下水污染。

3. 江苏省

江苏省的调研地点为海门市常乐镇。海门市常乐镇积极响应国家改厕政策，厕改速度居于领先地位。调研发现，90％农户使用三格化粪池，自行进行粪污清淘回用农田。但有的农户家出现溢满回流现象，对于传统旱厕农户而言100％的农户希望进行坐式旱厕升级。这不仅保留原如厕习惯不变，还能提升卫生条件，并持续将粪污进行堆肥。

4. 河南省

河南省的调研地为三门峡市和卫辉市。在两市，一般农村地区在厕所下部接有化粪池，户用厕所也分男女厕，粪污清运由村内组织吸粪车，运到附近污水处理站进行处置。部分农村也正深入开展装配式生态厕所的各功能模块的优化设计研究、粪污原位处理的关键技术研究，以及太阳能在厕所微环境中的应用技术研究，将太阳能与厕所粪污处理系统、供暖通风采光系统等技术进行耦合设计和优化，保障装配式厕所运行的可靠性和稳定性。

5. 云南省

云南省的调研地点为云龙县。基于云龙县农户多年的生活习惯，大部分农户家中无厕所，直接在田间或林间排泄，未进行无害化处理；另一方面，村民主要以农业和畜牧业为主，产生的畜禽粪便露天堆放，易滋生蚊蝇和致病菌[19]。

6. 青海省

青海省的调研区域覆盖2个市、6个自治州，共涉及9个县（区），分别为西宁市湟中县、海东市平安区、海东市互助土家自治县、海北藏族自治州门源县、海西藏族自治州乌兰县、黄南藏族自治州同仁县、海南藏族自治州贵德县、果洛藏族自治州玛沁县、玉树藏族自治州玉树县。目前，互助县已完成排水管网、污水处理站、水厕施工等工程，污水处理站已投入试运行。门源县农牧区等地由于农牧民群众对污水乱排乱倾倒的危害认识不足，没有形成良好的污水处理习惯，处理污水比较随意，部分农牧民将污水就近倾倒在路边或河里等。尧湾村等农户大部分厕所角落备有草木灰或渣土，用于覆盖如厕后的裸露粪便，辅助粪污发酵，并吸附其中臭气，提高粪污堆肥效果。

（二）典型省市粪污处理技术模式分析

1. 广东省广州市

广州市着力解决农村厕所粪污收集处理难题，使得厕所粪污得到无害化处理。对分散偏远的农村厕所粪污主要采取三格式化粪池处理然后进行资源化利用；对相对集中居住的，以联户、联村、村镇一体治理，终端接入污水管网统一处理为主要方式，因地制宜推进厕所粪污分散处理、集中处理或接入污水管网统一处理，实行"分户改造、集中处理"与单户分散处理相结合推进。目前，全市厕所粪渣工程建设处理能力为1 000吨/天。

2. 海南省文昌市

文昌市印发了《文昌市农村厕所粪污处理与资源化利用方案》，推进农村厕所粪污无害化处理和资源化利用，2020年底实现农村厕所粪污无害化处理基本全覆盖，资源化利用率达80%，逐步建立粪污清淘（收集）、转运、处理、利用长效机制。文昌粪污资源化利用与改厕同步推进，以肥料化、能源化利用为主要方向，以政府为主导，构建农户自行清淘、社会化有偿服务、农业新型经营主体就地利用、沼气处理企业能源化利用的多元化运作模式。

3. 山东省临沭县

临沭县聘请第三方企业，承包全县厕所抽粪业务，实现粪污统一抽取、集中处理。开发信息化系统，对已改造的厕所统一编号，根据户主姓名、联系电话、报修情况等信息生成二维码。农户通过电话、二维码、微信公众号等渠道提交改厕需求，管护公司实时接收并及时处置。根据就近原则，规划建设6处粪污预处理点，覆盖全县8万多改厕户。对农村厕所粪污实施生物资源化处理，实现预处理点粪水资源全部回归土地再利用，减少化肥使用量。拓展产业链条，变粪为宝实现产业化。政府充分发挥引导作用，将农村厕所粪污有机肥生产与绿色农业种植、电商平台推广相结合[20]。信息资源共享，政府监管实现智能化。政府加强监管作用，应用现代科技手段，开发数字化信息监管系统。建立农村改厕信息资源库，实现对各类基础数据和运行数据实时监控调度。

4. 安徽省合肥市

合肥市制定出台了《合肥市农村改厕管护"一站两体系"工作规范（试行）》，进一步强化改厕后期的管护运维，确保实现一、二类县改厕粪污基本得到处理或资源化利用的目标。初步形成了农户自我清淘就近就地利用，发展"五小园"为主、市场化清淘相结合的粪污清淘服务体系。巢湖市全市 13 个乡镇（街道）共配备吸粪车 13 台，落实清淘人员 48 人，全市 13 153 户改厕户申请市场化清淘、35 186 户农户自愿自我清淘。基本形成了资源化利用为主、无害化处置为辅的利用处置方式。

（三）技术可行性研究

目前，全国 31 个省级行政区陆续出台了改厕工作方案。基于前期的调研结果以及对改厕经验进行分析，课题组归纳了各省市对于农村改厕的技术需求。具体来说，可分为三类：缺水且相对落后地区的农村粪污处理技术需求，水源充足地区的农村粪污处理技术需求和缺水但经济较发达地区的农村粪污处理技术需求。

1. 可行性技术分析

（1）水冲式厕所技术。基于水冲式厕所技术的农村粪污处理工程主要实施于气候温和、水资源充足以及经济发达的地区，这些地区的农村经济较发达，人民生活水平高，对环境卫生的要求较高，且覆盖市政管网，冬天温度不足以导致管道冻结，适合于"水冲式＋污水管网＋污水处理站"的粪污处理技术推广[21]。而在一般农村地区，宜采用三格式或双瓮式化粪池。

● 污水管网＋污水处理站。接入城镇污水处理厂的粪污处理工程是将厕所、厨房、洗浴等生活污水全部收集后进行一体化处理，实现源头处理、一步到位。而在村民居住集中连片区域，可统一规划建设小型处理设施对粪污进行集中收集处理，如图 1 所示。该技术具有清洁卫生、干净无臭、处理效率高等优点，且厕所可入室，受温度影响小，但也存在着很多不足，主要表现在：水资源耗费大；污水处理厂运行负荷和成本较高；存在污泥处置和氮磷等资源回收问题[22]。

● 三格式或双瓮式化粪池。化粪池属于一种初级的生活污水处理构筑物，利用沉淀分离和厌氧发酵的原理去除污染物，具有结构简单、不消耗动力，且无害化程度高等特性，被广泛用于农村粪污处理（图 2）。在农村粪污处理系统中，化粪池可作为预处理单元和贮存单元。第三池粪液可还田施肥，在较为集中的地区，以村为单位将出水排到分散式污水处理设

图 1   污水处理站示意图

备进行处理达标排放；靠近城镇的乡村，延伸敷设管网将污水排入城镇污水处理厂集中处理[23]。在北方及高海拔寒冷地区的低温条件下，可通过增加埋深、外部加设保温结构、太阳能加热及导热流体传热等方式来增强化粪池的抗冻性能。同时也存在一些不足：臭味大，容易造成蚊蝇滋生；需进行及时清淘；容易发生渗漏；处理效果低，处理后不可直接排入水体等[23]。

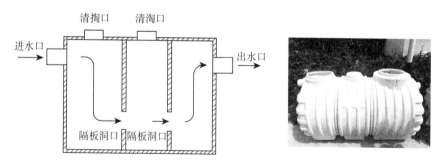

图 2   三格式化粪池示意图

（2）生态旱厕技术。基于生态旱厕技术的粪污处理技术主要实行于严重缺水地区，这些地区年降雨量均低于全国平均水平，且农村经济欠发达，污水处理配套设施建设滞后，改建时应侧重于推广生态旱厕技术[24]。生态旱厕技术主要包括堆肥式、粪尿分集式及双坑交替式技术。

● 堆肥式旱厕。堆肥式厕所技术分为好氧堆肥和厌氧堆肥。厌氧堆肥技术多采取人工简单堆制，厌氧发酵菌在厌氧条件下将粪污中的有机质发酵降解为腐殖质等物质，并可能伴随沼气和氨等气体的产生，实现了有机肥和天然气的资源回收[25]。另外粪污发酵反应产生的高温可以杀灭粪便内致病菌，实现粪污的无害化处置。厌氧堆肥式技术的弊端有：发酵过程中产生臭气污染（会产生腐胺、尸胺及硫化氢等致臭气体）；制肥周期太长，占地面积大；致病菌不易杀灭。好氧堆肥技术又称高温堆肥技术，其原理是好氧菌将粪便大分子有机化合物降解为小分子的葡萄糖、氨基酸和脂肪酸等，最终转化为二氧化碳、氨气及无机盐，合成新的高分子有机物（腐殖质），并利用好氧菌对有机物的有利竞争性抑制、杀死粪便中的致病性微生物。另外好氧菌可消除部分厌氧菌代谢产生的臭气，因此该技术减少了臭气的释放。好氧堆肥技术具有过程可控、易操作、降解快、资源化效果好、无臭气产生、杀菌彻底等优点，但是由于好氧模式下降解有机物能力较厌氧模式差，一般情况下粪便可采用先厌氧堆置一段时间再进行好氧处理以达到污染小且降解效果好的目的[26]（图3）。

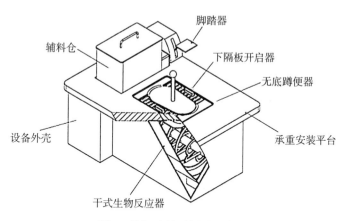

图3　堆肥式旱厕便器示意图

• 粪尿分集式旱厕。粪尿分集技术的概念是指从源头——便器入手将粪便与尿液分开收集，并实现两者营养物质的原位资源回收（尿肥、粪肥、能量等）。人的尿液中基本没有致病体，因此可以直接或通过简易处理后用于施肥。而分离后的粪便体积大大减小，达到了减量化的目的，可以减少粪便处理的规模。其优势主要有：尿液中致病菌体少且营养丰富可单独制备优质肥料；粪污源分离处理简化了对粪便的无害化处置过程；能避免粪便湿度过大影响粪便的微生物降解；尿液分流减少了粪便的臭味[27]（图4）。

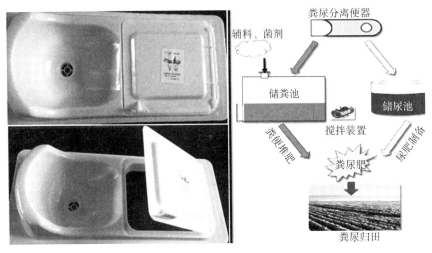

图4　粪尿分集式旱厕机理图

●双坑交替式旱厕。双坑式交替旱厕是由使用坑和封存坑组成的通风式农村户厕，粪便封存坑封存四个月后，蛔虫卵死亡率达96%以上。经过一年的使用周期，使用坑和封存坑内的粪便可达到粪便无害化处理标准（图5）。

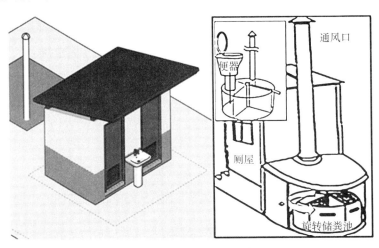

图5　双坑交替式旱厕示意图

2. 运营模式分析

考虑到我国的不同地区的自然地理情况，经济发展水平，居民风俗习惯不同，所需要的运营模式也有所差异。研究提出的粪污处理运营模式如表 1 所示，投资方式考虑到是关于民生的基础设施建设，并且项目经济收益较低的情况下，主要由政府投资建设为主导，社会资本投资、农户付费模式为辅；在粪污处理工程的运维方面，考虑到技术和服务管理的专业性，以第三方专业服务公司运维为主、政府和居民维护为辅；处理模式上应该因地制宜，包括黑灰水分离处理、三格化粪池分别处理、一体化处理设施、沼气工程等；对应的粪污处理去向主要还田利用、湿地净化、达标排放、综合利用等。

表 1　九种不同模式厕所的投资模式、运维方、处理工艺和粪污去向

模式	投资模式	运维方	处理工艺	粪污去向
Model 1	县级政府投资建设＋农户付费	镇村组三级	黑灰水分离＋大小三格化粪池分别处理	湿地净化/还田利用
Model 2	县级政府投资建设	县级相关部门、镇政府	黑灰水分离处理/黑灰水一体集中处理	还田利用/湿地净化
Model 3	县级政府投资建设	乡镇政府/村集体	污水处理设施	达标排放
Model 4	政府引入社会资本投资建设	第三方专业服务公司	一体化设施处理	达标排放
Model 5	县级政府投资建设＋农户付费	第三方专业服务公司运维	一体化设施处理	农田浇灌
Model 6	县级政府和社会资本共同投资建设＋农户付费	第三方专业服务公司	固液分治	液态粪水还田利用/纳入管网＋固粪用作有机肥生产原料

(续)

模式	投资模式	运维方	处理工艺	粪污去向
Model 7	县级政府投资建设＋农户付费	第三方专业服务公	大小三格化粪池处理/污水集中处理站	达标排放＋固粪用作有机肥生产原料
Model 8	县级政府、社会资本共同投资建设＋农户付费	新型农业经营主体/第三方专业服务公司	沼气工程处理	沼气工程处理＋沼气、沼渣、沼液综合利用
Model 9	县级政府投资农户投劳	农民为主	卫生旱厕＋生物菌剂	生产有机肥

五、农村厕所粪污处理投资需求测算

（一）投资需求测算方法概述

1. 相关说明或假设

（1）根据农业农村部办公厅、国家卫生健康委办公厅和生态环境部办公厅联合发布的九种农村厕所粪污处理及资源化利用典型模式对农村厕所粪污投资需求进行测算。

（2）假设以一个已经完成改厕的 100 户的村庄，在一年时间内用于厕所粪污处理全过程上所投资的费用进行测算。

（3）为简化书写，特将上述九种农村厕所粪污处理及资源化利用典型模式分别简写为 Model 1～Model 9，详见表 1。此外，部分说明或假设在 9 种典型模式投资需求测算中再做进一步陈述。

2. 投资需求构成

农村厕所粪污投资需求主要由粪污抽取费、粪污转运费、粪污存储费、粪污处理费和其他费用构成。

（二）9 种典型模式投资需求测算

1. Model 1 投资需求测算

Model 1 中涉及农村厕所粪污政府投资需求测算的项目主要由粪污的

抽取、粪污的转运、粪污的存储、小型三轮吸粪车的购置、工人薪资发放、村级小型人工湿地的建造及运行等构成。根据市场调研将每年粪污抽取费设定为 100 元/户，每年粪污转运费设定为 50 元/户，每年粪污存储费设定为 20 元/户，购买小型三轮吸粪车的价格设定为 15 000 元/辆，从事粪污处理领域的每个工人每年薪资设定为 30 000 元，每个村级小型人工湿地的建设投资及运行一年的总费用约为 500 000 元。假设粪污的抽取费由政府和农户分别负担 50%，粪污的转运、粪污的存储所产生的费用由政府完全承担。因此，可以得到 Model 1 中政府负担的粪污抽取费为 5 000 元；粪污转运费为 5 000 元；粪污存储费为 2 000 元；粪污处理费为用于修建村级小型人工湿地及运行一年的总费用 500 000 元；其他费用包含：购买 1 辆小型三轮吸粪车的费用为 15 000 元，支付 1 名粪污转运员薪资为 30 000 元，支付 1 名人工湿地管理员薪资 30 000 元。

2. Model 2 投资需求测算

Model 2 中涉及农村厕所粪污政府投资需求测算的项目主要由村级小型人工湿地建造及运行、污水管网建设、工人薪资发放等构成。根据市场调研每个村级小型人工湿地的建设投资及运行一年的总费用约为 500 000 元，每个村污水管网铺设及路面恢复等工程投资约 1 000 000 元，从事粪污处理领域的每个工人每年薪资设定为 30 000 元。因此，可以得到 Model 2 中粪污处理费为用于修建村级小型人工湿地及运行一年的总费用 500 000 元；其他费用包含：污水管网铺设及路面恢复等工程费用 1 000 000 元，支付 1 名人工湿地管理员薪资 30 000 元。此外，由于在该模式下不存在粪污抽取、粪污转运、粪污存储过程，所以这 3 项投资需求可忽略不计。

3. Model 3 投资需求测算

Model 3 中涉及农村厕所粪污政府投资需求测算的项目主要由村级小型污水处理站建造及运行、污水管网建设、工人薪资发放等构成。根据市场调研每个村级小型污水处理站的建设投资及运行一年的总费用约 1 500 000 元，每个村污水管网铺设及路面恢复等工程投资约 1 000 000 元，从事粪污处理领域的每个工人每年薪资设定为 30 000 元。因此，Model 3 中的粪污处理费为用于修建村级小型污水处理站及运行一年的总费用1 500 000元；其他费用包含：污水管网铺设及路面恢复等工程费用1 000 000元，支付5名村级小型污水处理站员工薪资150 000元。此外，由于在该模式下不存在粪污抽取、粪污转运、粪污存储过程，所以这3项投资需求可忽略不计。

4. Model 4 投资需求测算

Model 4 中涉及农村厕所粪污政府投资需求测算的项目主要由村级小型污水处理站建造及运行、污水管网建设、购买服务等构成。但与Model 3不同的是，政府通过PPP模式与企业合作共同承担粪污处理工程的建设费，由企业负责设计、建设、移交、运营、管理，与此同时，企业可围绕厕所进行商业营销，从中获取的利润由政府和企业平摊。假设在Model 3的基础上，将政府独自投资改为政府投资50%，企业投资50%的形式。根据市场调研每个村级小型污水处理站的建设投资及运行一年的总费用约1 500 000元，每个村污水管网铺设及路面恢复等工程投资约1 000 000元，那么政府在村级小型污水处理站建造及运行一年中的投资为750 000元，在污水管网铺设及路面恢复等工程中的投资为500 000元。厕所投入使用后，政府向企业购买服务用于厕所后期的运行、维护等工作。假设政府每年向企业缴纳的服务费为1 000元/户，政府在投资建设厕所所获利润占政府每年向企业缴纳的服务费的四分之一。那么政府每年仅需缴纳750元/户的服务费，总体而言政府每年向企业缴纳75 000元服务费就可保证所有厕所后期的正常使用。因此，Model 4 中的粪污处理费为用于修建村级小型污水处理站及运行一年的政府负担费用750 000元；其他费用包含：污水管网铺设及路面恢复等工程费用500 000元，政府每年向企业购买服务的净投资75 000元。此外，由于在该模式下政府向企业购买服务，因此粪污抽取费、粪污转运费、粪污存储费、工人工资这几项投资需求可忽略不计。

5. Model 5 投资需求测算

Model 5 中涉及农村厕所粪污政府投资需求测算的项目主要由粪污的抽取、粪污的转运、粪污的存储、村级小型厕所粪污集中处理中心的建造及运行、购买服务等构成。经调研将每年粪污抽取费设定为100元/户，每年粪污转运费设定为50元/户，每年粪污存储费设定为20元/户，每个

村级小型农村厕所粪污集中处理中心的建设投资及运行一年的总费用设定
为 150 000 元。此外，政府还向企业购买服务，假设政府每年向企业缴纳
的服务费为 1 000 元/户。假设粪污的抽取费由政府和农户分别负担 50%，
粪污的转运、粪污的存储所产生的费用由政府完全承担。因此，可以得到
Model 5 中政府负担的粪污抽取费为 5 000 元，粪污转运费为 5 000 元，
粪污存储费为 2 000 元，粪污处理费为小型农村厕所粪污集中处理中心的
建设及运行费 150 000 元，其他费用为购买服务费 100 000 元。

6. Model 6 投资需求测算

Model 6 中涉及农村厕所粪污政府投资需求测算的项目主要由粪污的
抽取、粪污的转运、粪污的存储、村级小型厕所粪污集中处理中心的建造
及运行、购买服务等构成。Model 6 的粪污抽取费、粪污转运费、粪污存
储费与 Model 5 一样。此外，假设在建设及运营村级小型厕所粪污集中处
理中心上，企业和政府分别负担 50% 即 75 000 元。政府还向企业购买服
务，假设政府每年向企业缴纳的服务费为 1 000 元/户。因此，可以得到
Model 6 中政府负担的粪污抽取费为 5 000 元，粪污转运费为 5 000 元，
粪污存储费为 2 000 元，粪污处理费为小型农村厕所粪污集中处理中心的
建设及运行费 75 000 元，其他费用为购买服务费 100 000 元。

7. Model 7 投资需求测算

Model 7 中涉及农村厕所粪污政府投资需求测算的项目主要由粪污的
抽取、粪污的转运、粪污的存储、村级小型污水处理站建造及运行、购买
服务等构成。根据市场调研将每个村级小型污水处理站的建设投资及运行
一年的总费用约 1 500 000 元。Model 7 的粪污抽取费、粪污转运费、粪
污存储费与 Model 5、Model 6 一样。政府还向企业购买服务，假设政府
每年向企业缴纳的服务费为 1 000 元/户。因此，可以得到 Model 7 中政
府负担的粪污抽取费为 5 000 元，粪污转运费为 5 000 元，粪污存储费为
2 000 元，粪污处理费为村级小型污水处理站的建设及运行费 1 500 000
元，其他费用为购买服务费 100 000 元。

8. Model 8 投资需求测算

Model 8 中涉及农村厕所粪污政府投资需求测算的项目主要由粪污的
抽取、粪污的转运、粪污的存储等构成。Model 8 的粪污抽取费、粪污转

运费、粪污存储费与 Model 5、Model 6、Model 7 一样。政府还向企业购买服务,假设政府每年向企业缴纳的服务费为 1 000 元/户。另外,由于假设该村已经改厕完成,在这里默认该村已在之前政府投资建立了完整的沼气厕所设备,即此处的粪污处理费可忽略不计。因此,可以得到 Model 8 中政府负担的粪污抽取费为 5 000 元,粪污转运费为 5 000 元,粪污存储费为 2 000 元,其他费用为购买服务费 100 000 元。

9. Model 9 投资需求测算

由于假设该村已经完成厕改,因此在这里默认该村在此之前政府已投资建立了完整的卫生旱厕体系。农户自己对自家厕所的粪便进行抽取、转运、存储和处理。政府仅需购置 2 台发酵辅料粉碎机等其他简单工具供村集体的农户无偿使用即可,经市场调研后发现此部分资金大约 30 000 元。因此,可以得到 Model 9 中政府负担的其他费用为 30 000 元。

(三) 投资需求测算结果及分析

1. 投资需求测算结果

基于以上农村厕所粪污投资需求测算结果,按照九种农村厕所粪污处理及资源化利用典型模式分别进行汇总,汇总结果如表 2 所示。

表 2　9 种农村厕所粪污处理及资源化利用典型模式政府投资需求测算汇总表

模式 \ 费用	粪污抽取费	粪污转运费	粪污存储费	粪污处理费	其他费用	合计
Model 1	0.50	0.50	0.20	50.00	7.50	58.70
Model 2	0.00	0.00	0.00	50.00	106.00	156.00
Model 3	0.00	0.00	0.00	150.00	115.00	265.00
Model 4	0.00	0.00	0.00	75.00	57.50	132.50
Model 5	0.50	0.50	0.20	15.00	10.00	26.20
Model 6	0.50	0.50	0.20	7.50	10.00	18.70
Model 7	0.50	0.50	0.20	150.00	10.00	161.20
Model 8	0.50	0.50	0.20	0.00	10.00	11.20
Model 9	0.00	0.00	0.00	0.00	3.00	3.00

注:单位为万元。

2. 投资需求测算结果分析

从五类费用类别来看，粪污抽取费、粪污转运费和粪污存储费是投资最少的费用，粪污处理费和其他费用（尤其是购买服务费和工人薪酬）是花费最多的费用。

从 9 种典型模式的总体投资测算来看，Model 9 是投资最少的模式，仅仅 3.00 万元的投资；Model 3 是投资最多的模式，高达 265.00 万元的投资；Model 2、Model 4、Model 7 的投资也都超过了 100.00 万元，Model 1 的投资也超过了 50.00 万元，此外 Model 5、Model 6、Model 8 的投资也都超过 10.00 万元。

此外，从 9 种典型模式的主导部门来看，以政府为主导的模式政府投资最多（平均投资需求为 159.90 万元），例如 Model 1、Model 2、Model 3，以第三方专业服务公司为主导的模式政府投资也不少（平均投资需求为 84.65 万元），例如 Model 4、Model 5、Model 6、Model 7；以新型农业经营主体为主导的模式投资不是很多（投资需求为 11.20 万元），例如 Model 8；以农户为主导的模式投资最少（投资需求为 3.00 万元），例如 Model 9。

另外，从 9 种典型模式中粪污处理的模式来看，涉及污水管网建设和村级小型污水处理站修建的模式投资最多（平均投资需求为 186.23 万元），例如 Model 3、Model 4、Model 7；涉及村级小型人工湿地建设的模式投资也不少（平均投资需求为 107.35 万元），例如 Model 1、Model 2；涉及村级小型厕所粪污集中处理中心修建的模式政府投资不是很多（平均投资需求为 22.45 万元），例如 Model 5、Model 6；凡涉及就地就近综合利用（沼气工程处理或简单堆肥处理）的模式政府往往投资最少（平均投资需求为 7.10 万元），例如 Model 9。

六、结论

本研究对我国农村地区的粪污处理现状进行了全面的调研，明确了粪污处理建设工程中存在的问题，通过对现有的技术处理模式进行比较和分析，并对 9 种典型模式进行了农村厕所粪污投资需求测算和分析，为全面掌握我国粪污处理现状，实现我国粪污处理技术革新、经济与生态的良好平衡提供了技术支持和理论参考。

（1）农村厕所粪污处理工程建设中存在着工程难度大、农民建设意识薄弱、缺乏统筹规划、管理和监督等问题。这些问题降低了市场对农村粪污处理工程建设的信心，减少了建设参与度，也降低了农民参与建设的积极性，从而不愿意配合建设工作，而在管理和监督上存在落实不到位、重复和错位管理等现象，则阻碍了粪污处理工程的建设进度。

（2）目前已有一些地区探索出适宜的粪污无害化和资源化模式，将粪污资源化利用与改厕同步推进，以肥料化、能源化利用为主要方向，以政府为主导，构建农户自行清淘、社会化有偿服务、农业新型经营主体就地利用模式等多元处理模式，且管护机制完善，形成良好的农村人居环境。结合不同区域的自然地理情况、经济发展水平，进行了粪污处理工程技术需求分析，提出了以水厕技术和生态旱厕技术为代表的两大技术模式。并且基于投资模式、运维方、处理工艺和粪污去向等四个方面构建了9种粪污处理运营模式，以期为实际的工程建设提供借鉴和指导。

（3）从粪污抽取费、粪污转运费、粪污存储费、粪污处理费和其他费用（购买服务费、工人薪酬等）等五个方面，对9种典型粪污处理模式进行了经济概算分析。结果表明，粪污抽取费、粪污转运费和粪污存储费是投资最少的费用，粪污处理费和其他费用（尤其是购买服务费和工人薪酬）是投资最多的费用。从总体投资测算来看，Model 9是投资最少的模式；Model 3是投资最多的模式；从主导部门来看，以政府为主导的模式政府往往投资最多，其次是第三方专业服务公司为主导的模式，以农户为主导的模式政府投资最少；从粪污处理的模式来看，涉及污水管网建设和村级小型污水处理站修建的模式政府投资最多，涉及就地就近综合利用（沼气工程处理或简单堆肥处理）的模式投资最少，涉及村级小型厕所粪污集中处理中心修建的模式政府投资则介于两者之间。分析结果表明，投资较大的模式粪污能得到较好的处理，而政府投资比较小的模式，粪污的处理技术相对落后。9种典型模式优势各异，应根据当地粪污处理现状、经济程度、地理特征等因素，发展更多适宜的处理模式，综合得到最适用于当地的节约投资成本且处理效果理想的优化模式，实现农村厕所粪污无害化与资源化。

参 考 文 献

[1] Bu，N. Toilet Revolution as an Initiative for China's Tourism and Social Development [J]. Journal of China Tourism Research，2017，13（3）：316－319.

[2] 冯庆，王晓燕. 水源地农村厕所与粪污处置调研 [J]. 昆明师范高等专科学校学报，2006，（4）：80－89.

[3] 毕涛. 黑龙江省农村改厕的模式及对策研究 [J]. 黑龙江粮食，2020（9）：37－39.

[4] 王传庆. 山东省经济发达镇农村改厕后续管护模式研究 [D]. 泰安：山东农业大学，2020.

[5] 王泉林. 关于我市"厕所革命"和粪污治理情况的调研报告 [N]. 2019－07－24（6）.

[6] 奉先焱，刘海力. 湖南省农村厕所革命与厕所节能减排效应探究 [J]. 湖南农业科学，2019（2）：97－101.

[7] 张世勇，陈御宇. 2018 年重庆市南川区农村环境卫生调查 [J]. 职业与健康，2019，35（23）：3261－3267.

[8] 周静，胡孟婷，丁琼，等. 四川少数民族地区农村"厕所革命"现状调研 [J]. 农村经济与科技，2021，32（1）：232－233.

[9] 王建华. 甘肃寒旱地区农村生态卫生厕所模型设计 [J]. 城乡建设，2015（4）：62－64.

[10] 梁旻昊. 乡村厕所技术集成模式与评价模型研究 [D]. 北京：北京交通大学，2020.

[11] 李静波. 小厕所大民生，广东加快"厕所革命"[J]. 同舟共进，2018（3）：26.

[12] 钟格梅，唐振柱，郑承杰，等. 广西农村户厕及粪便无害化处理现状调查 [J]. 环境与健康杂志，2015，32（2）：131－133.

[13] 黄涛，田时雨，马鲁铭，等. 农村厕所粪污治理模式实践与思考 [J]. 江苏农业科学，2020，48（9）：35－40.

[14] 李苗苗. 江苏农村厕所革命的实践与经验启示 [J]. 农村经济与科技，2020，31（1）：317－318.

[15] 李嫣，费梦婷，包晴，等. 我国农村厕所革命当前存在的问题及对策 [J]. 农村实用技术，2020（9）：22－23.

[16] 麻学清. 关于加快推进"厕所革命"的调研报告 [N]. 团结报，2019－07－05（6）.

[17] 张辉，赵立欣，孟海波，等. 中国农村厕所改造及粪污处理标准体系研究 [J]. 农业工程学报，2020，36（23）：209－214.

[18] 黎勇，钟格梅，黄江平．我国粪便处理现状及问题研究［J］．应用预防医学，2020，26（5）：449－452.

[19] 张亚雷．乡村厕所关键技术研发提升人居环境水平［J］．中国农村科技，2020（5）：24－28.

[20] 杨钰．山东临沭变"粪"为"宝"打造绿色循环产业链［J］．农村工作通讯，2020（22）：53－55.

[21] 赖竹林，于振江，周雪飞，等．我国农村化粪池技术发展现状及趋势［J］．安徽农业科学，2020，48（19）：69－72.

[22] Cheng，S.，Li，Z.，Uddin，S. M. N.，等．Toilet revolution in China［J］．Journal of Environmental Management，2018（216）：347－356.

[23] 何御舟，付彦芬．农村地区卫生厕所类型与特点［J］．中国卫生工程学，2016，15（2）：191－195.

[24] 赵伟．干旱缺水地区农村无水冲厕所系统研究［D］．泰安：山东农业大学，2019.

[25] 刘铭辉．基于全生态链的农村化粪池式厕所系统研究［D］．泰安：山东农业大学，2019.

[26] 尹文俊，于振江，徐悦，等．新型厕所系统及技术发展现状与展望［J］．环境卫生工程，2019，27（5）：1－7.

[27] 尹文俊，陈家斌，刘勇锋，等．源分离厕所粪尿无害化及资源化技术研究进展［J］．给水排水，2020，56（S1）：493－503.

农村燃气基础设施建设现状、任务和投资需求预测研究[*]

燃气作为我国能源结构的重要组成部分，在全国一次能源消费中占了很大比重。回顾"十三五"期间，我国城镇燃气事业发展迅速，对优化能源结构、改善环境质量、促进城乡发展、提高人民生活水平等方面发挥了极其重要的作用。"十三五"期间，我国燃气事业不仅在城镇地区发展迅速，在农村地区燃气普及率也得到了较大提升。国家和地方出台了一系列文件和规定，对农村燃气的发展提供政策支持，如《北方地区冬季清洁取暖规划（2017—2021年）》《打赢蓝天保卫战三年行动计划》等。总的看，在国家、地方政策的大力支持及企业和用户的共同努力下，我国农村燃气事业进入了快速发展期，但城乡发展不平衡、地区发展不平衡等突出问题仍然存在。且在"十三五"及之前的燃气规划中，重点都是城镇燃气的规划，均未将农村燃气的发展列入其中。

"十四五"时期是全面落实高质量发展要求，深入推进能源生产和消费革命的关键时期。科学谋划未来五年燃气发展，对推动能源转型升级，实现燃气行业高质量发展，保障经济社会持续健康发展具有重要意义。本文立足"十四五"期间农村燃气发展模式、发展目标预测，系统研究了我国农村燃气事业，厘清发展形势，找出存在问题及解决办法，并对农村燃气发展目标、建设任务和投资需求进行分析预测。

一、我国农村燃气发展现状

燃气是气体燃料的总称，它能燃烧而放出热量，供居民和工商业用

---

* 课题主持人：李帆，中国燃气控股有限公司研究院研究员。

户使用。按燃气的来源，通常可以把燃气分为天然气、人工煤气、液化石油气、生物质气等。其中，天然气和液化石油气在农村的消费量呈逐年增长态势，是可在农村重点发展的能源形式。本文研究范围重点为在农村使用的天然气（含管道天然气（PNG）、液化天然气（LNG）、压缩天然气（CNG））和液化石油气（LPG）。生物质气（含沼气）在农村也有使用，但近年来一直呈萎缩态势，本文仅作简单介绍及分析。

（一）我国能源消费整体情况

1. 能源消费总量及构成

随着我国经济快速发展、人民生活水平不断提高，能源消费整体呈现较快增长态势。2019 年，我国能源消费总量达到 48.7 亿吨标准煤，比上年增长 3.3%。其中，天然气、水电、核电、风电等清洁能源消费占能源消费总量比重逐年上升，煤炭消费所占比重逐渐下降（表 1）。

表 1　我国能源消费总量及构成（2014—2019 年）

年份	能源消费总量（万吨标准煤）	占能源消费总量的比重（%）			
		煤炭	石油	天然气	一次电力及其他能源
2014	428 334	65.8	17.3	5.6	11.3
2015	434 113	63.8	18.4	5.8	12.0
2016	441 492	62.2	18.7	6.1	13.0
2017	455 827	60.6	18.9	6.9	13.6
2018	471 925	59.0	18.9	7.6	14.5
2019	487 000	57.7	18.9	8.1	15.3

数据来源：《中国统计年鉴 2020》。

2. 居民生活能源消费量

生活用能方面，我国居民生活用能稳步增长，能源需求逐步上升，天然气等清洁能源的消费量呈逐年上升趋势（表 2）。

表2　全国居民生活能源消费量（2014—2018年）

年份	2014	2015	2016	2017	2018
合计（万吨标准煤）	47 211	50 461	54 336	57 459	60 436
煤炭（万吨）	9 303	9 627	9 492	9 283	7 714
煤油（万吨）	29	29	26	28	25
液化石油气（万吨）	2 173	2 549	2 955	3 225	3 147
天然气（亿立方米）	343	360	380	420	468
煤气（亿立方米）	97	80	63	52	47
热力（万百万千焦）	86 482	93 841	98 623	106 330	121 684
电力（亿千瓦小时）	7 176	7 565	8 421	9 072	10 058

数据来源：《中国统计年鉴2020》，金联创数据。

3. 我国农村能源消费情况

（1）农村人均生活能源消费量。农村居民对生活能源的需求已趋同于城镇居民。随着农村经济社会发展及新型城镇化进程的推进，农村居民的人均生活用能水平大幅提升，年人均生活用能（照明、炊事、热水、取暖、家用电器）由2000年的88千克标准煤增长到2018年的434千克标准煤，增长3.9倍，年平均增长率9.27%，远超同期城镇人均生活用能4.03%的增长速度。同时，农村居民与城镇居民人均生活用能的差距逐年缩小，目前已经基本无差别（表3）。

表3　2000—2018年我国人均生活用能量

单位：千克标准煤/（人·年）

年份	全国人均生活用能量						镇人均生活用能量（千克标准煤）	农村人均生活用能量（千克标准煤）
	总用能量（千克标准煤）	煤炭（千克）	电力（千瓦时）	液化石油气（千克）	天然气（立方米）	煤气（立方米）		
2000	132	67	115	6.8	2.6	10	213	88
2001	136	66	127	6.7	3.3	9.4	210	93
2002	146	66	138	7.6	3.6	9.8	215	103

（续）

年份	全国人均生活用能量						镇人均生活用能量（千克标准煤）	农村人均生活用能量（千克标准煤）
	总用能量（千克标准煤）	煤炭（千克）	电力（千瓦时）	液化石油气（千克）	天然气（立方米）	煤气（立方米）		
2003	166	70	160	8.6	4.0	10.1	238	119
2004	191	75	184	10.4	5.2	10.7	264	140
2005	211	77	221	10.2	6.1	11.1	288	155
2006	230	77	256	11.5	7.8	12.7	248	169
2007	250	74	308	12.4	10.9	14.1	327	186
2008	254	69	332	11	12.8	13.9	324	194
2009	264	69	366	11.2	13.3	12.5	328	206
2010	273	68	383	10.5	17	12.5	320	227
2011	294	69	418	12	19.7	10.9	331	257
2012	313	69	460	12.1	21.3	10.2	344	280
2013	335	68	515	13.6	23.8	7.9	357	311
2014	346	68	526	15.9	25.1	7.1	364	325
2015	365	68	552	18.6	26.2	5.9	378	356
2016	393	69	611	21.4	27.5	4.6	395	392
2017	416	67	654	23.3	30.3	3.7	413	417
2018	434	55	722	22.6	33.6	3.4	434	434

数据来源：《中国能源统计年鉴 2019》。

（2）农村能源消费结构。农村居民的能源消费结构也在不断变化，从传统的以薪柴为绝对主导的炊事和取暖能源，进入了传统能源与现代能源并存的局面，商品能源的消费比重不断提升。目前以煤炭、电力、柴薪等一次能源为主，燃气占比很低，户均用气负荷量小（图1）。根据《中国能源统计年鉴 2019》，煤炭等传统固体能源在农村生活用能中比重逐年降低，电力逐渐成为农村居民炊事和取暖的重要能源。液化石油气在农村生活能源消费中有所增长，占比从 2012 年的 5.17% 增加到 2018 年的 7.5%；但天然气消费量较低，截至 2018 年，农村生活用能中天然气占比仅为 0.3%。农村户均燃气消费量不及城镇居民十分之一。

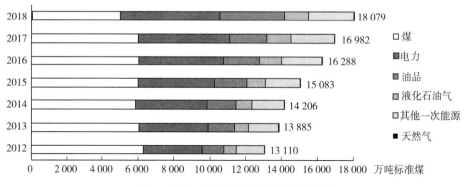

图 1 2012—2018 年乡村生活用能结构

数据来源：根据《中国能源统计年鉴 2019》数据整理。

（二）我国燃气发展基本情况

我国城镇燃气发展迅速，燃气普及率[①]较高，根据《中国城乡建设统计年鉴》，2019 年城市燃气普及率已达到 97.29%，北京、上海等大型城市燃气普及率达到 100%；2013—2019 年，我国县城燃气普及率飞速增长，从 2013 年的 70.9% 增加到 2019 年的 86.47%，增长 15.57%。截至 2019 年，我国建制镇和乡的燃气普及率分别为 54.45% 和 26.81%，与 2013 年（46.4% 和 19.5%）相比，仅增长 7 个百分点左右，远低于同期县城发展水平。由于北方煤改气工程，村庄燃气普及率增长速度较快，从 2013 年的 19.8% 增长到 2019 年的 31.36%，增长 11.6 个百分点（图 2）。

2019 年全国城镇燃气用气人口达到 7.49 亿人。2019 年全国城镇燃气管道里程 95.5 万千米，其中天然气管道里程 93.56 万千米。天然气管道里程大幅增加，人工煤气和液化气管道里程逐年减少（表 4）。

根据《中国城乡建设统计年鉴 2019》，2019 年农村村庄用气人口 21 524 万人，增长率 9.1%，较"十二五"末的 16 917 万人增加 4 607 万人，增加 27.2%，增速超过了城市和县城。农村燃气普及率从 2015 年的 21.4% 提高到 2019 年的 31.36%（表 5）。

---

① 本文中的"燃气普及率"所指的燃气仅包含天然气、液化石油气和人工煤气。

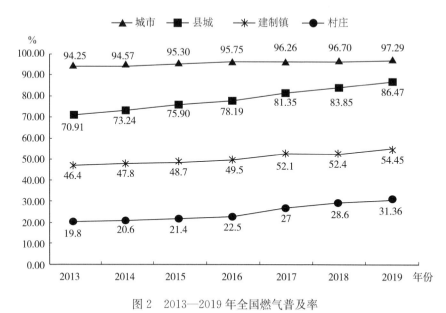

图 2　2013—2019 年全国燃气普及率

数据来源：《中国城乡建设统计年鉴 2019》，其中村庄统计液化气家庭用户数时，年用量低于 90 千克的户数忽略不计。

表 4　2019 年城乡燃气发展情况汇总表

类别	天然气 （亿立方米）	液化石油气 （万吨）	人工煤气 （亿立方米）	用气人口 （万人）	普及率 （％）	管道长度 （万千米）
城市	1 608.6	1 040.8	27.7	50 997	97.29	78.3
县城	201.9	217.1	3.6	13 718	86.47	17.2
建制镇	—	—	—	9 951.2	54.45	—
乡	—	—	—	643.5	26.81	—
镇乡级特殊区域	—	—	—	213.34	72.37	—
村庄	—	—	—	21 524	31.36	—
合计	1 810.5	1 257.9	31.3	97 047.04	59.1	95.5

数据来源：《中国城乡建设统计年鉴 2019》。

表5 农村（村庄）燃气普及率及用气人口

单位:%

年份	用气人口 （万人）	常住人口 （万人）	燃气普及率 （%）
2013	15 621	79 052	19.8
2014	16 277	79 089	20.6
2015	16 917	79 235	21.4
2016	17 801	79 044	22.5
2017	18 232	67 527	27.0
2018	19 730	69 005	28.6
2019	21 524	68 635	31.36

数据来源:《中国城乡建设统计年鉴2019》,其中村庄统计液化气家庭用户数时,年用量低于90千克的户数忽略不计。

2018年全国天然气消费量2 817亿立方米,农村天然气消费量48亿立方米,占比不到2%。2018年全国液化石油气燃料消费2 353万吨,其中农村居民燃料占比达到22.6%。据中燃协统计,60户/平方千米是天然气与液化石油气消费经济性的人口密度临界值,我国广大农村地区人口密度低,因此,液化石油气是农村燃气消费的首选气源（表6）。

表6 乡村瓶装液化气和管道燃气普及率

单位:%

年份	2013	2014	2015	2016	2017	2018	2019
瓶装液化气	18.9	19.5	20.1	21.1	24.2	24.5	26.2
管道燃气	0.9	1.1	1.3	1.5	2.8	4.1	5.1

农村燃气区域发展不平衡。根据《中国城乡建设统计年鉴2019》,2019年全国村镇燃气普及率36.08%。江苏、上海等东部沿海地区,村镇燃气普及率超过70%,远高于全国平均水平。云南、青海等西部地区,由于受经济社会发展水平、自然环境、消费能力、消费观念和生活习惯等因素影响,燃气普及率不到5%（图3）。

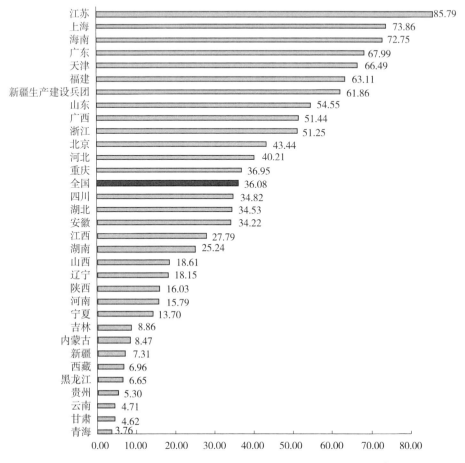

图 3　2019 年全国各省村镇（含乡镇、村庄）燃气普及率（％）

数据来源：《中国城乡建设统计年鉴 2019》。

（三）我国农村天然气发展现状

根据《中国天然气发展报告 2020》，我国天然气消费规模持续扩大，近两年增速有所放缓。2019 年，天然气表观消费量为 3 064 亿立方米，同比增长 8.6％，在一次能源消费结构中占比达 8.1％，同比上升 0.3 个百分点。从消费结构看，城市燃气和工业用气仍是天然气消费的主力，分别占全国消费量的 37.2％ 和 35.0％；化工用气增速有所回升，发电用气增速阶段性回落。从消费区域看，华东地区是全国消费量最大的区域，全年消费量达 897 亿立方米，占全国消费量的 29.2%；其次是华北、西北和西南地区，消费量分别为 598 亿立方米、396 亿立方米和 375 亿立方米。从各省消费量看，13 个省份用气量超过 100 亿立方米，其中江苏超过 300 亿立方米，广东、四川都超过 200 亿立方米。

随着我国城镇化的推进，我国居民生活用天然气保持上升趋势。据《中国能源统计年鉴 2019》，2018 年我国居民生活用天然气达到 468.38 亿立方米，较 2012 年（288.27 亿立方米）增长 62.5%。其中，我国乡村居民生活用管道天然气消费量呈逐年增长态势，从 2014 年的 15.3 亿立方米增加到 2018 年的 48 亿立方米，增长了 2.1 倍，增速远超同期城镇居民消费量的增长速度。

由于北方农村"煤改气"政策的实施，从地区分布来看，我国农村管道天然气消费主要集中在北方地区。上海、北京等经济发达省份以及四川、贵州等气源丰富的省份，乡村居民生活天然气消费量也较高。

（四）我国农村瓶装液化石油气发展现状

我国液化石油气（LPG）消费量快速增长，以燃料消费为主。近十年，随着城市化进程的推进、化工用途的兴起，国内市场对 LPG 的需求日益增强，2011—2018 年 LPG 年表观消费量由 2 400 万吨上升到 4 400 万吨，年均增幅超过 9%，但 2016 年以后 LPG 化工利用总体处于饱和状态，而燃料逐步成为最大的消费领域。

LPG 可作为工业、民用燃料，同时也是重要的化工原材料，广泛应用于生产各类化工产品。在总消费量 4 402 万吨中，燃料消费 2 353 万吨，占比 53%；化工消费 2 049 万吨，占比 47%。

燃料是 LPG 最大的使用领域。按用途，又可以进一步区分为城镇民用燃料、工商业燃料及车用燃料、农村居民燃料等。其中，农村居民燃料占比达到 22.6%；工商业及车用燃料也是 LPG 重要消费领域，占比 43%。两者构成了我国 LPG 的主要消费领域，且一直保持较快增长速度。此外，城镇居民燃料占比为 34.5%。随着我国管道天然气的普及，天然气对城镇居民 LPG 的替代趋于稳定，不具备管道铺设条件的城镇居民客户构成了城镇范围内相对稳定的消费群体，但工业燃料领域整体因为成本因素一直处于萎缩状态。

农村燃料和餐饮燃料是 LPG 的刚性需求领域。在农村，由于环保政策影响，LPG 以其清洁、灵活、不依赖管网设施、低成本配套成为农村"煤改气"的首选能源。LPG 是清洁能源，硫化物和氮氧化物排放量与天然气接近，是煤炭的万分之零点四和万分之六。LPG 在农村地区可不依赖管道等大规模的基础设施投入，灵活配送到边远地区。此外，农村LPG 经济性明显优于天然气。按照中国城市燃气协会的统计数据，60 户/平方千米是天然气与 LPG 经济性（有国家和地方补贴）的人口密度临界值，我国广大农村地区人口密度低，LPG 是农村"煤改气"和农村"气化"的良好气源。

（五）我国农村生物质气发展现状

生物天然气是以农作物秸秆、畜禽粪污、餐厨垃圾、农副产品加工废水等各类城乡有机废弃物为原料，经厌氧发酵和净化提纯产生的绿色低碳清洁可再生的天然气，同时厌氧发酵过程中产生的沼渣沼液可生产有机肥。

国家积极支持以畜禽养殖废弃物、秸秆等为原料发酵制取沼气，以及提纯形成生物天然气，用于农村清洁取暖和居民生活，优化农村用能结构，改善农村人居环境。2016 年，国家发展改革委、农业部联合印发了《全国农村沼气发展"十三五"规划》，提出"十三五"时期要以规模化大型沼气工程和生物天然气工程为发展重点，提高畜禽粪污等农业农村废弃物的处理利用水平。国家发展改革委牵头印发的《北方地区冬季清洁取暖规划（2017—2021 年）》（发改能源〔2017〕2100 号）提出，积极推动大中型沼气工程为周边居民供气，建设村级燃气供应站及小规模管网，支持符合标准的生物天然气并入城镇燃气管网，提升燃气服务水平。国家发展改革委牵头印发的《加快推进天然气利用的意见》（发改能源〔2017〕1217 号）明确提出，打通天然气利用"最后一公里"，开展天然气下乡试点，鼓励多种主体参与，宜管则管，宜罐则罐，采用管道气、压缩天然气、液化天然气、液化石油气储配站等多种形式，提高偏远及农村地区天然气通达能力。结合新农村建设，引导农村居民因地制宜使用天然气，在有条件的地方大力发展生物天然气（沼气）。

2019 年，农业农村部联合国家发展改革委等 10 部门印发《关于促进生物天然气产业化发展的指导意见》（发改能源规〔2019〕1895 号），推动构建就地收集原料、就地加工转化、就近消费利用的分布式清洁燃气生产消费体系，加快解决畜禽粪污排放、秸秆露天焚烧等引起的环境污染问题，开拓生物天然气在城镇居民炊事取暖、发电、交通燃料、锅炉燃料、工业原料等多个领域的应用。截至 2019 年底，我国生物质发电并网装机 2 369 万千瓦，生物天然气产能约 1.3 亿立方米/年，生物质成型燃料年利用规模约 1 800 万吨，生物质液体燃料年利用规模约 400 万吨。目前已建成大型沼气和生物天然气工程 7 780 处。

生物质沼气是农村燃气的一种重要形式，在我国新农村建设的过程中发挥了重要作用。沼气在处理农村污染物的同时，为农户提供燃料，起到节能环保的功效。在过去的农村，主要以建设小型沼气池为主，这种小型沼气池只够供给农户炊事用能。随着农村经济水平日益提高，越来越多农民开始承办养殖场，为解决过程中产生的污染废弃物，大中型沼气池开始在农村的养殖户普及起来。到 21 世纪，规模化生物质天然气-沼气工程成为农村生产格局转换的重要标志。生物质沼气在减少农村污染，节能减排，发展低碳经济方面起着越来越重要的作用。

其中，小型户用沼气工程为 8～10 立方米池容的户用沼气池；中小型沼气工程厌氧消化装置，总体容积在 20～500 立方米；大型沼气工程为厌氧消化装置，总体容积为 500 立方米及以上。规模化生物沼气工程为单项工程建设规模日产生物天然气 1 万立方米以上的工程。

随着种养业的规模化发展、城镇化步伐的加快、农村生活用能的日益多元化和便捷化，农民对生态环保的要求更加迫切，农村沼气建设与发展的外部环境发生了很大变化，呈现以下趋势：

1. 农村户用沼气使用率普遍下降

主要原因包括以下几点：①户用沼气项目农户及政府承担费用过高。如建设一座 8 立方米的农村户用沼气池的成本约为 3 500～4 500 元，政府补贴 1 000～1 500 元，农户需承担 2 500～3 000 元。这对于农户及地方政府都是一笔不小的开支。②发酵原料不足。随着我国畜牧养殖业，由过去的家庭散养向专业化规模化发展，使得农户沼气池严重缺少厌氧发酵的畜禽粪便原料。此外，由于原料缺乏，其在交易市场的价格水涨船高，进一步限制农户使用沼气池。③工程运营技术保障服务不健全。农村地区一直存在重建设轻管理的问题。由于缺乏专业的技术服务人员，且一些易损件维修难、更换难，清渣换料麻烦，农户缺乏专业的技术指导，成为沼气池废弃最大的因素。④农村青壮年劳动力的缺乏。农村户用沼气池的日常维护和管理需要使用者付出大量的劳力，但随着农村城镇化进程的加快，大部分青壮年进城务工，只剩下老人和儿童，他们没有使用沼气的技能，使得沼气池只能闲置。以上种种原因导致农户的使用意愿越来越小，废弃现象日益突出。

2. 中小型沼气工程整体运行不佳

我国农村的中小型沼气工程主要建在规模化的畜禽养殖场，受养殖场数量、规模和地域的限制，其数量有限，建设规模也不大。中小型禽畜养殖场主要存在的问题包括：①运行费用高。中小型沼气工程在厌氧发酵的过程中需要额外的热源，供热成本高。②沼渣沼液销售受限。中小型沼气工程生产过程中产生了大量的沼渣沼液，含水量大，养殖业主无力加工成商品有机肥。而含水量高的沼肥不被认可，养殖业主就地消纳，造成土地二次污染。③专业技术人才短缺。沼气发酵是一项有一定技术难度的工作，养猪场本身属于低端松散型管理结构，很难留住专业技术人员。因此，中小型沼气工程多数亏损，长期可持续运营能力较低，存在许多闲置现象。

3. 规模化沼气工程有所增加

这主要得益于我国政策对农村沼气及生物质燃气的大力扶持。然而，现有的大型沼气工程及生物天然气利用面临以下问题：①项目建设成本高，以日产2.5万立方米生物天然气为例，单个项目建设投资约2亿元，在没有政府补贴的情况下，投资回收期至少在10年以上，甚至20年。②生物天然气原料成本不可控。原料成本占生物天然气项目运行比重的50%，是影响项目建设的关键因素。目前有些原料存在含水量高等问题，极大地影响了产气效率；③原料收储运体系不完善造成原料的交易价格不可控，坐地涨价现象极为普遍，导致运行成本高，不少企业亏损倒闭。④产品市场收益不可控。各地天然气下游市场价格不同，同时沼渣沼液等有机肥难以通过合理的价格与周边种植业主达成供销协议，使得部分地区项目运行效益差。⑤补贴政策存在缺失。重补贴轻税收优惠的政策造成增值税进项普遍不足的企业缺少抵扣，企业实际运营税负较重。重投资补贴轻产出补贴的模式"催生"了一批低投资且基本不运行的"投资补贴盈利性"项目，对整个行业产生不良影响，没有形成促进产业盈利和效益拉动机制，因此，此类项目的发展仍存在很大问题。

总体而言，我国农村户用沼气主要用于炊事，利用价值非常低，逐渐被抛弃；中小型规模的沼气厂生产的沼气也主要用于炊事、供热等，少数用于发电，其利用价值也不高。高价值的大型的沼气工程或生物质天然气属于国家政策支持类项目。但此类项目目前面临的原料保障难，收储运成本高，大量沼液难以消纳，终端产品商品化开发不足等问题，发展仍然面临较大的困难。未来，农村沼气的利用应逐步向规模发展、综合利用、效益拉动、科技支撑的方向转型升级。

二、我国农村燃气发展面临的主要问题

（一）农村居民可支配收入较低、消费能力偏低

2019 年全国居民人均可支配收入 30 733 元，比上年增长 8.9%，扣除价格因素，实际增长 5.8%。全国居民人均可支配收入中位数 26 523 元，增长 9.0%。按常住地分，城镇居民人均可支配收入 42 359 元，比上年增长 7.9%，扣除价格因素，实际增长 5.0%。城镇居民人均可支配收入中位数 39 244 元，增长 7.8%。农村居民人均可支配收入 16 021 元，比上年增长 9.6%，扣除价格因素，实际增长 6.2%。农村居民人均可支配收入中位数 14 389 元，增长 10.1%（表 7）。

表 7　2019 年城乡居民收支主要数据

指标	绝对量（元）	比上年名义增长（%）
城镇居民人均可支配收入	42 359	7.9
城镇居民人均消费支出	28 063	7.5
农村居民人均可支配收入	16 021	9.6
农村居民人均消费支出	13 328	9.9

数据来源：《中国统计年鉴 2020》。

2019 年全国居民人均消费支出 21 559 元，比上年增长 8.6%，扣除价格因素，实际增长 5.5%。其中，人均服务性消费支出 9 886 元，比上年增长 12.6%，占居民人均消费支出的比重为 45.9%。按常住地分，城镇居民人均消费支出 28 063 元，增长 7.5%，扣除价格因素，实际增长 4.6%；农村居民人均消费支出 13 328 元，增长 9.9%，扣除价格因素，实际增长 6.5%。全国居民恩格尔系数为 28.2%，比上年下降 0.2 个百分点，其中城镇为 27.6%，农村为 30.0%。

现阶段，农村居民人均可支配收入、消费能力与城镇居民相比仍然相差较大。相对煤炭、柴火，燃气消费成本偏高。

（二）农村经济社会发展不平衡

农村经济社会发展水平高的地区，农村人居环境和生态保护管理水平普遍高于落后地区，居民就业机会多，劳动力价格高，有改善生活品质的需求和条件，更愿意消费省时省力的清洁能源，从全国各省村庄燃气普及率分布可见，经济发达的东南沿海地区比中西部明显高很多。经济社会发展水平低的地区农村居民消费能力低，对能源价格的敏感度高，这些地区燃气消费规模和用户密度普遍较低，服务成本往往比发达地区更高，因而，推广使用燃气难度更大。

（三）农村燃气基础设施长期投入不足

我国一直很重视农村基础设施的建设，每年投入大量专项资金用于农村公共基础设施的建设和改善，但用于燃气经费比重不高。《中国城乡建设统计年鉴 2019》统计数据显示，2014—2016 年，农村村庄建设资金投入逾 8 000 亿元，用于燃气设施投资不足 1%。"十三五"期间国家加大生态环境保护力度，美丽乡村建设、"蓝天保卫战"和北方清洁取暖行动的实施带动了农村燃气基础设施建设，2017 年、2018 年和 2019 年农村燃气建设资金投入有所上升，但比重也仅有 1.5% 左右（表 8）。

表 8 2014—2019 年全国村庄建设投入明细

年份	村庄建设总投入（亿元）	市政公用设施投入		燃气设施投入	
		金额（亿元）	占比	燃气（亿元）	占比
2014	8 088	1 707	21.1%	36.6	0.45%
2015	8 203	1 919	23.4%	44.6	0.54%
2016	8 321	2 120	25.5%	50.5	0.61%
2017	9 168	2 529	27.6%	150.4	1.64%
2018	9 830	3 053	31.1%	144.7	1.47%
2019	10 167	3 100	30.5%	142.3	1.40%

数据来源：《中国城乡建设统计年鉴 2019》。

（四）传统供气方式不利于农村广泛普及

传统农村供气主要有城镇燃气管道延伸、液化石油气/液化天然气/压缩天然气气化站点供气和瓶装液化气三类供气方式。由于农村人口居住分散、用气负荷低，且缺乏工商业用户支撑，采用城镇供气管道延伸的方式只适合城镇周边农村，偏远地区或者管道难以通达，或者建设成本和运营成本巨大，农村居民经济上难以承受；若采用传统气化站点供气的方式，占地面积大，设置不灵活，建设成本高，经济供气规模一般要求居民用户 2 000 户以上，难以广泛推广。这也是导致农村管道燃气普及率很低的一个重要原因。瓶装液化气虽然供气灵活，消费门槛低，但因农村物流成本高、中间环节多，消费价格普遍比城里高出 20% 以上，加之农村燃气经营者良莠不齐，用户鉴别能力弱，"掺杂掺假""缺斤短两"和使用过期甚至报废钢瓶现象严重，实际用气成本比城市高出很多。

三、我国农村燃气发展形势

整体来看，目前我国农村水、电等基础设施已经普及，与发达国家差距较小；但燃气等清洁能源的发展水平远远落后于发达国家，存在严重的城乡发展不均衡现象。

（一）乡村振兴战略大背景为农村燃气提供了发展机遇

作为城镇公共基础设施和公共服务的一部分，近年来，燃气已在城镇地区得到大力发展，但广大农村地区的居民大部分还未能享受到清洁、便利的燃气服务，城乡燃气发展存在很大的不平衡。在国家实施乡村振兴战略的大背景及城乡基本公共服务均等化的要求下，农村燃气作为农村基础配套设施的一部分，在"十四五"期间将迎来较大的发展机遇。

（二）天然气市场化改革为农村燃气发展创造了基础条件

天然气行业的市场化改革将从气源、输配、运用等方面为农村燃气的发展提供助力。在天然气市场化改革的大背景下，国家管网集团从 2020 年 10 月 1 日正式投入生产运营，将对全国主要油气管道基础设施进行统一调配、统一运营、统一管理，必将进一步推动'X＋1＋X'油气市场化运营机制的形成。国家管网集团的成立是为了将管道输送这一中间环节与上游资源、下游销售分开运营，并向第三方市场主体公平开放，更好地体现能源商品属性，发挥市场在资源配置中的决定性作用，释放竞争性环节市场活力，从而更好地服务国家战略、服务人民需要、服务行业发展。

（三）新技术的应用为农村燃气的发展提供了技术储备

1. LPG 小储罐技术

液化石油气（LPG）小储罐供气是一种小型分布式能源供应形式，将原本"瓶装供应，各家储存，自行保管"的供气模式转变为"小型储罐供气，专用槽车配送，企业远程在线监控"的管道供气模式。该供气系统由 LPG 小型储罐供气装置、村庄低压燃气管网、运营监控管理系统组成，LPG 由专用带泵槽车配送到各村庄小型储罐，经过气化调压后，通过独立的低压燃气管网进入到每家每户，用户消费按表计量，与管道天然气消费方式完全一样。

LPG 小储罐供气营运模式如下：燃气运营单位通过运营监管平台感

知用户端小型储罐液位信息，当储罐液位下降至充液阈值时，小储罐会自动发出加注信息，并在平台端自动生成订单计划，发出配送指令给配送车队，LPG带泵罐车收到配送指令后在液源地进行充装后按指定路线通过公路运输至下游的LPG小型储罐的所在村庄对小型储罐进行加注。整个运营模式改变了分散的传统钢瓶供应方式，可实现LPG闭环运输，最大程度避免非专业的管理操作，提高充装效率，优化充装频次，降低运输风险，提升我国LPG供气方式的安全水平。我国广大农村地区，村庄分散程度高，村落居民户数相对较少，不适合长距离铺设跨区域管道。但每个村庄内居民相对集中，形成一个独立的能源供应群体，非常适合LPG小储罐供气方式的发展（图4）。

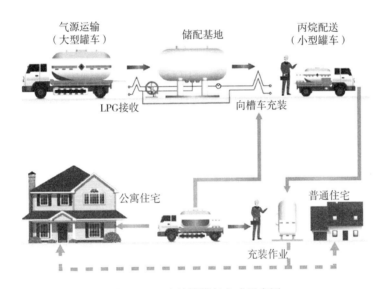

图4　LPG小储罐供气方式示意图

2. 智慧燃气系统的应用

NB-IoT物联网燃气表通过蜂窝窄带无线网络与管理中心通讯，构成物联网气表抄表系统。该系统可实现网络抄表、远程控制、网络缴费、故障检测等功能。NB-IoT燃气表可以实现阶梯气价、实时调价、实时监控、报警、大数据分析。推广应用NB物联网燃气表，可以大幅提升农村地区燃气公司智能化管理水平。

智慧燃气系统依托先进的智能感知和网络通讯技术，建立完善城镇燃气主干管网设施的物联网监控系统，实现对燃气管网数据（地理数据、档案数据、实时数据）的统一集成，建立对主干管网数据实时采集和智能报警，提高管网的安全保障能力。

四、我国农村燃气发展技术路线

（一）农村燃气与城镇燃气的用气区别

农村燃气与城市燃气供气在负荷需求、负荷需求密度、负荷地理分布、用气工况等方面有很大的区别。

1. 负荷需求

城市燃气用户包括居民、商业、工业、汽车、供热用户等，居民用气只占总用气的一部分，目前约为50%，居民用气一般用于生活炊事和热水，采暖多为集中供热。而农村燃气用户主要为居民，很少的商业和工业用户，没有汽车用户，居民用气占绝大部分，居民用气包括生活炊事、热水，北方还包括冬季采暖。

根据统计，城市居民用气量指标约为2 090兆焦/（人·年），按3人/户，天然气热值按35.5兆焦/标准立方米，折算每户每天天然气用气量为0.5标准立方米。

根据调研数据，京津冀农村炊事用气量相对较少，约为0.3立方米/（天·户），而采暖用气量很大，每户平均采暖面积：80～120平方米，供暖平均用气量指标：长城以北地区大约10标准立方米/（天·户），长城以南地区大约8标准立方米/（天·户）。受消费能力、生活习惯、建筑物保暖性能等多种因素影响，不同地域的农村供暖用气量指标差异很大，北京市2013—2014年供暖期实际运行数据显示，昌平区辛店村实际供暖平均用气量指标为11.58立方米/（平方米·年），平谷区蔡坨村供暖用气量指标为6.19立方米/（平方米·年）。

2. 负荷需求密度

由于不同地区经济发展水平不同，对能源的需求量有高有低，针对城市和农村测算单位能源密度如表9。

表 9   不同地区能源需求密度测算

地区			人口数 （万人）	占地面积 （平方千米）	人口密度 （户/平方 千米）	单位能源密度 [万立方米/ （年·平方千米）]
城市	北京（炊事）		2 173	16 410	521.3	6.9
	天津（炊事）		1 562	11 946	373.6	6.82
农村	河北曲阳	平原	炊事、采暖	47	584	228	24.47
		山区		13	477	77.9	8.33
	河北高阳	平原		49	496	282.3	30.19

北京人口密度约 521 户/平方千米，天津人口密度约 373 户/平方千米，人口密集，河北平原地区人口密度约 228～282 户/平方千米，人口相对集中。而在河北山区，人口密度只有 70 户/平方千米左右，人口分散。但由于冬季农村采暖用气量大，采暖季在平原地区每平方千米用能远大于城市炊事用能，约为 4 倍，而山区用能与城市炊事用能量接近。

3. 负荷地理分布

农村地区与城市的燃气负荷地理分布也区别很大，城区基本为楼房，集中在一起，燃气负荷为面状分布。而农村地区主要是农田，村庄基本为平房，一家一户，村庄燃气负荷为点状分布（图 5）。

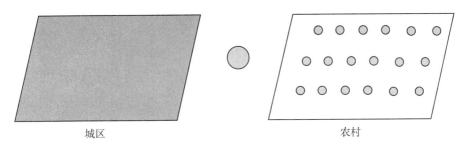

城区   农村

图 5   城区和农村用气负荷地理分布区别

（二）影响农村燃气供应技术路线选择的主要因素

1. 资源和气源种类

燃气气源包括天然气、液化石油气、生物质气等气源。

具备稳定可靠的气源是农村燃气供应的关键因素。选择何种气源应根据当地资源情况、运输条件、制气工艺和用户规模等因素通过技术经济比较综合确定。

2. 供气方式

向农村气源点供气的燃气供气方式包括管输及非管输供气，管输供气一般是指将附近的天然气或其他燃气资源通过管道输送到农村气源点。非管输供气方式主要是指将天然气经液化、压缩制成液化天然气或者压缩天然气通过交通运输工具运送到农村气源点，也包括将液化石油气通过交通运输工具运送到农村气源点。农村气源点以后的供气则有管道、单瓶、瓶组和小储罐供气等方式。

3. 经营方式

燃气供应技术路线选择还受燃气运营单位经营方式的影响。不论是集团性、规模性的经营形式，还是个体性、分散性的经营方式，对于采购气源、供气点的建设等方面，从规模效益角度看，规模性经营方式肯定要优于个体性、分散性经营方式。

4. 用气规模和用户分散程度

用气规模及分散程度可以采用用户密度这一关键指标评估，用户密度（户/平方千米），指以气源点为中心，周围一定距离内覆盖的农村居民户数与区域面积的比值。这一距离内用户的分布是基本均衡和连续的。

（三）农村燃气发展技术路线选择

由于农村用气市场的多样性和复杂性，综合分析各种燃气供应方式的优势及适用范围，农村燃气发展技术路线选择应当坚持"因地制宜""宜管则管""宜罐则罐"，保证安全稳定供应的原则，全面考虑资源因素、气源价格和建设投资及成本因素、运输条件因素、用户情况等，经过技术经济比较和可行性分析综合确定。

农村燃气气源包括天然气和液化石油气（LPG），供气方式包括管输及非管输供气，非管输供气方式又包括液化天然气（LNG）、压缩天然气（CNG）、LPG、生物天然气（Bio-SNG）等供气方式。对于LPG供气又包括单瓶、瓶组和小储罐供气方式。管输气源供气具有供应稳定、气价便宜、占地少等优点。但是其推广实施受农村周边天然气管网条件制约，高、中压天然气管道造价较高。LNG 供气方式具有建设灵活、运输方便、供应范围广等优点，但是存在气价倒挂情况。CNG 供气方式具有建设灵活、运输方便、供应范围广等优点。但是，CNG 储配站占地面积大，造价高，CNG 气瓶车运输受道路条件影响比较大。LPG 单瓶、单户系统，独立安装，通气灵活，使用方便。LPG 小型储罐供气方式是国外成熟的技术。

我国地域幅员辽阔，农村具有村庄点多面广，人口密度远低于城镇的特点，村庄格局地域差别大，应结合地域特点、当地气源条件，综合评估供气方式的技术经济性。一般来说，农村用户燃气供应的技术路线选择有如下要点：①人口密度大于 90 户/平方千米的区域的气源点宜采用管道输气方式。②对于人口密度低于 60 户/平方千米的分散区域，可采用液化天然气、压缩天然气小型撬装装置或小型储罐微管网等方式给气源点供气。③气源点以后的供气应优先考虑采用管道供应，根据用户情况也可采用液化石油气瓶装或瓶组供气。

当然，应按照实际情况，根据技术路线选择的影响因素、供气区域当地气源、用户用能密度、地理地貌状况及施工建设难易程度等情况，确定不同时期不同类型的供气方案。在人口密集的平原地区，若有管输气接口，优先选择管输天然气，取得管输气量指标，规划、设计、建设高压/次高压输配气管道。沿管道路由方向优先发展下游用户。对于没有管道天然气气源，或者管道天然气供应不经济的区域，暂只能采用 LNG 或 LPG 气源，具体选择何种气源及何种供气方式，应根据用气规模、场站建造成本、气源采购和配送成本、道路通行条件等综合比选来确定。人口（用能）稀疏区（偏远或分散的村庄）、丘陵山区，受管网建设、输气成本限制，选择 LPG 小型丙烷储罐供气或 LNG 撬装供气，优势明显。东北地区（黑龙江、吉林、辽宁）、华北地区（河北、山东、山西），宜采用管道天然气，对于山区人口分布稀疏地区宜采用 LNG 小型气化站、LNG 瓶组供气方式。南方地区（广东、云南、广西、江西、湖南、湖北、福建、浙江）在天然气长输管线周边农村可采用管道天然气供气，其余地区宜采用微管网供气方式。总体看，推进燃气下乡，应支持建设安全可靠的乡村储气罐站和微管网供气系统。

五、我国农村燃气发展思路、建设任务和投资需求预测

(一) 农村燃气发展思路

根据农村燃气发展面临的问题，确定发展思路：一是因地制宜采用多种供气方式，对城镇燃气市政管道能够延伸覆盖的乡村，可实现城乡一体化供气；对燃气市政管道延伸不经济或难以通达的农村，可采用安全可靠、经济高效的小型丙烷储罐供气技术，建设村庄微管网供气系统；对居住人口少的村庄或分散居住的用户，采用燃气瓶组或单瓶供气，努力降低农村燃气基础设施建设、运营成本，逐步扩大使用燃气作为主要能源的农户比例（表 10）。二是创造条件扩大农村生产用气规模，通过"气代煤""气代柴薪""气代化学除草剂"等途径改变农业生产用能方式，实现提质增效。三是加大政府对农村燃气公共基础设施建设的政策扶持力度，引导和调动社会资本进入农村燃气市场。

表 10　常用供气方式及适用范围

供气方式	适用范围	气源可及性	占地面积	建设成本	运营成本	用气成本
管道天然气	附近有城镇管道气源、管道铺设成本可承受的社区	低	—	高	低	低
液化天然气站	用户相对集中的大型社区，如较大用户规模的城镇社区	中	大	较高	中	中
压缩天然气站	附近有 CNG 气源保障且有一定用户规模的乡镇社区	低	大	较高	较高	较高
液化石油气小型储罐	各类乡村社区	高	小	较低	较低	较低
液化石油气瓶装气	普遍适用	高	—	低	高	高

（二）农村燃气发展预测

根据《中国统计年鉴 2020》，我国有 21 013 个镇、9 621 个乡、8 519 个街道，合计 38 755 个乡镇级行政区划单位。2019 年末全国大陆总人口 140 005 万人，其中城镇常住人口 84 843 万人，占总人口比重（常住人口城镇化率）为 60.60%，比上年末提高 1.02 个百分点。户籍人口城镇化率为 44.38%，比上年末提高 1.01 个百分点。虽然我国常住人口城镇化率已超 60%，但与发达国家相比，还有不小差距。根据 2017 年数据，日本的城镇人口比例为 94%，美国为 82%，欧洲平均为 80% 左右。"十四五"时期，中国的城镇化将继续快速推进，到 2025 年，预计中国城镇化率将达到 65.5% 左右，其中，东部、中部、西部和东北地区将分别达到 73.0%、63.1%、61.2% 和 66.7%。农村常住人口将呈逐年减少趋势，从 2019 年的 5.51 亿人减少至 2025 年的 4.93 亿人，减少 5 000 多万人（图 6）。

预计"十四五"期间，农村燃气普及率将以 13% 左右的增速发展，期末农村用气人口将达到 4.23 亿人。另外，《中国城乡建设统计年鉴》统计村庄部分液化气家庭用户数时，年用量低于 90 千克的户数忽略不计。为相对全面预测，预测"十四五"期间乡村燃气普及率及用量等考虑了此类用户，相应的农村燃气建设预测如表 11 和表 12 所示。

表 11 "十四五"时期乡村燃气发展预测

指标	2025 年预测值
乡村燃气普及率	85.7%
乡村燃气用气人口	4.23 亿人
乡村燃气用气户数	12 653 万户
乡村天然气用气量	135 亿立方米
乡村液化石油气用气量	1 045 万吨

注：参照"十三五"时期乡村液化气年均增长 7%，"十四五"时期乡村液化气用量按 8% 增长率预测。天然气用量按乡村采暖、非采暖用户用气指标测算。

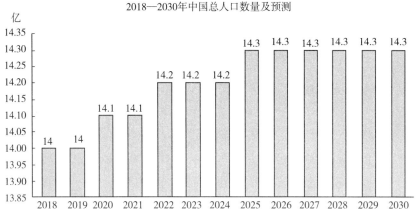

图 6　我国城镇化率及人口数量预测

数据来源：智研咨询《2019—2025 年中国城市化进程与市政工程规划建设报告》。

表 12　"十四五"时期乡村燃气发展规模预测

年份	乡村人口（亿人）	燃气普及率（%）	用气人口（亿人）	用气户数（万户）	年增户数（万户）	天然气用量（亿立方米）	液化石油气用量（万吨）
2021	5.37	64.4%	3.46	10 363	723	86	790
2022	5.28	69.5%	3.67	10 998	635	98	857
2023	5.15	74.7%	3.85	11 534	537	111	917
2024	5.03	80.0%	4.02	12 041	506	123	978
2025	4.93	85.7%	4.23	12 653	612	135	1 045

（三）气源保障

气源保障包括资源保障和设施保障。中国天然气资源丰富，中国天然气生产与供应能力持续增强。我国西北、东北、西南及海上四大战略通道形成，在我国天然气管网整体流向"自西向东"的基础上，中俄东线的投产，增加了"北气南下"流向，进一步完善了我国东部地区的天然气管网布局，与东北管网系统、陕京系统、西气东输系统互联互通，共同组成纵贯南北、横跨东西、连接海外的天然气管网格局。

如表13所示，2019年我国天然气表观消费量为3 064亿立方米，2025年预计农村乡村天然气用气量约为135亿立方米，占比仅为4.4%，不会对我国天然气的供需平衡产生较大影响。

表13　2019年全国天然气供应量及消费量

单位：亿立方米

产量	进口量	供应总量	表观消费总量	2025年预计乡村天然气用气量
1 773	1 351	3 124	3 064	135

中国天然气储运设施不断完善，供应能力进一步提升。2019年我国地下储气库达27座，调峰供气能力超过102亿立方米，大幅增长44%，创历史新高。

国家油气管网公司的成立，使上游勘探开发和进口环节，以及下游销售环节形成开发和充分竞争的市场格局，标志着我国上游油气资源多主体多渠道供应、中间统一管网高效集输、下游销售市场充分竞争的"X+1+X"油气市场新体系基本确立，可为农村燃气发展提供充足的气源保障。

全球液化石油气供应方面，据统计，2019年全球石油液化气供应量为3.18亿吨，同比2018年增长1.6%，基本保持供需平衡状态。根据《中国能源统计年鉴2019》，2018年全国液化石油气可供量5 733.4万吨，比2017年增长5.04%。

如表14所示，2018年我国液化石油气消费量为5 673.1万吨，2025

年预计农村液化石油气消费量约为 1 045 万吨，不会对我国液化石油气的供需平衡产生影响。国际上 LPG 常年供大于求，中国沿海、沿江已经形成覆盖全国大部分省份的 LPG 进口储运设施，完全可以满足农村燃气发展用气需要。

表 14　2018 年全国液化石油气供应量及消费量

单位：万吨

生产量	进口量	可供量	消费量	预测 2025 年农村用气量
3 915.6	1 966.4	5 733.4	5 673.1	1 045

气源储运设施建设方面，随着农村用气逐步普及，为保障气源供应，各地需要根据自身不同的农村供气方式，配套建设不同的农村气源储运设施，包括向农村延伸的城镇输气管道、液化石油气储配站及配送槽车运力等。各地已有液化石油气储配站的可以通过改造加以利用，在此基础上增加三分之一数量的储配站满足未来新增用户的气源供应需要。

(四) 农村燃气基础设施建设任务和投资需求预测

农村燃气基础设施建设任务包括城镇燃气管道延伸至周边农村的管输气源工程、LPG 储气库和储配站，以及村庄微管网供气系统工程。预计"十四五"期末，农村居民用户将有 20% 通过城镇管道延伸，15% 通过小型丙烷储罐和微管网方式，65% 通过瓶装气方式供气。根据农村燃气建设需求及建设规模，预测"十四五"期间投资规模如表 15 所示，农村燃气基础设施总投资约为 2 004 亿元。

表 15　"十四五"期间农村燃气基础设施投资需求预测

单位：亿元

年份	2021	2022	2023	2024	2025	合计
城镇管道延伸工程投资	289	254	215	202	245	1 205
乡村燃气微管网工程投资	98	86	72	68	83	407
乡村燃气气源及配套设施工程	94	83	70	66	80	392
年总投资	481	422	357	336	407	2 004

六、我国农村燃气发展的政策建议

农村燃气开发是一项公益性很强的事业，又是一个弱势行业，它的发展需要各方面的支持关心和政策扶持。发展农村燃气不能脱离农村"村庄分布广、农户分散、青壮劳力外出务工多，消费水平低，农民需求不一"的实际，要充分考虑农民认识水平、收入水平、文化素质等因素，要根据农民需求，遵循自愿的原则，因地制宜、多能互补、积极示范引导，稳中求进，推进农村燃气行业健康发展。

（一）完善农村燃气发展政策和管理机制

贯彻 2021 年中央 1 号文件精神，以"燃气下乡"为抓手，加大乡村燃气设施建设力度，补齐公共基础设施短板；理顺农村燃气管理职责分工，制定农村燃气基础设施建设公共财政和投融资政策，建立农村燃气市场准入、工程建设和经营管理制度，简化审批事项，减少环评安评等第三方服务收费水平。

（二）积极引导社会资本进入农村燃气市场

针对农村居民消费能力弱、用气负荷低、企业盈利难度大等难题，建议加大农村燃气公共基础设施建设财政投入，研究制定农村燃气公共基础设施建设融资、用地、经营税收和用户奖补等优惠政策，积极引导社会资本进入农村燃气市场，促进农村能源结构转型优化；完善农村气源供应保障制度，努力降低农村气源采购和终端使用成本，促进城乡公共服务均等化。

（三）推广应用农村燃气发展新技术

支持发展先进可靠的农村微管网供气技术，完善技术标准，提高智能化数字化水平，解决农村燃气推广消费"痛点"，促进农村燃气可持续发展。

参考文献（略）

村庄公共服务中心建设投资测算及"十四五"时期对策建议[*]

一、村庄公共服务中心的发展历程

村庄公共服务中心是指设在行政村内，具备提供集中办公、民主议事、便民代办、文体娱乐、健康服务、治安调解、民族事务、学习培训、党团活动、信息公开、咨询服务等多种服务功能的公共场所。各地有党群服务中心、便民服务中心、农村社区综合服务中心、村民服务中心等多种名称。

（一）发展历程

村庄公共服务中心受到了各级党委、政府的高度重视，是在乡村管理体制改革、构建服务型政府、农村综合改革、新型城镇化、美丽乡村建设等大背景下产生的，其发展主要经历了以下三个历史阶段：

1. 起步探索阶段

农村公共服务体系建设始于地方。2003 年，时任浙江省委书记的习近平提出实施"千村示范、万村整治"工程，在改善农村硬件环境的同时，高度重视农村公共服务体系建设。

2005 年 10 月，"十一五"规划中提出要按照"生产发展、生活宽裕、乡风文明、村容整洁、管理民主"的要求，扎实推进社会主义新农村建设。各级政府及有关部门、社会各方面力量和广大村民群众积极投入新农村建设，各种捐助资金、项目、技术源源不断地流向农村。从 2005 年下半年开始，国家发改委在重庆市 3 个乡镇的 30 个行政村，开展了村级社

---

* 课题主持人：全国栋，浙江省标准化研究院工程师。

会公共服务中心建设的试点，将中央补助与地方各级政府投资整合使用，按照统一的规划标准在人口规模较大的行政村，建设集行政、医疗卫生、文化科技普及、农资和生活资料供应、体育健身等服务功能于一体的村级综合服务中心。

2006 年 10 月，中共十六届六中全会通过《中共中央关于构建社会主义和谐社会若干重大问题的决定》，提出"积极推进农村社区建设，健全新型社区管理和服务体制，把社区建设成为管理有序、服务完善、文明祥和的社会生活共同体"。

2007 年，党的十七大报告强调把城乡社区建设成为"管理有序、服务完善、文明祥和的社会生活共同体"。在这样的政策驱动下，随着政府本身服务意识的提高，一些地方政府开始探索改善农村公共服务的新路径，较早在城市社区推行的"一站式"服务理念也被引入农村，自主探索村庄综合型公共服务中心建设经验。

2. 全面实施阶段

2008 年中央 1 号文件提出"具备条件的地方可建立便民利民的农村社区服务中心和公益服务站"，就此拉开了全国村庄公共服务中心的建设序幕。各地政府结合各地实际，自上而下出台了推进村庄公共服务中心建设的政策文件，明确领导机构及协调机制，落实具体措施，扎实推进。

2013 年中央 1 号文件中再次对村级公共服务机构提出要求，要求创新服务方式和手段，整合资源建设乡村综合服务社和服务中心。

2014 年中央 1 号文件要求健全农业社会化服务体系，稳定农业公共服务机构，健全经费保障、绩效考核激励机制；在健全城乡发展一体化体制机制方面明确提出，要"开展农村公共服务标准化试点工作"。

2015 年中央 1 号文件提出"整合利用现有设施场地和资源，构建农村基层综合公共服务平台"。2015 年 5 月，中共中央办公厅、国务院办公厅又印发了《关于深入推进农村社区建设试点工作的指导意见》，明确指出要"健全农村社区服务设施和服务体系，整合利用村级组织活动场所、文化室、卫生室、计划生育服务室、村民体育健身工程等现有场地、设施和资源，推进农村基层公共服务设施建设，提升农村基层公共服务信息化水平，逐步构建县（市、区）、乡（镇）、村三级联动互补的基本公共服务网络。"2016 年的中央 1 号文件指出，要"推进农村基层综合公共服务资源优化整合"。

3. 提质增效阶段

党的十九大报告提出全面实施乡村振兴战略，为村庄公共服务中心在新时期的发展提供了新的契机，也提出了更高要求，是村庄公共服务中心发展历程的转折点。在乡村振兴战略二十字方针中，"乡风文明""治理有效"都与村庄公共服务中心的功能定位密切相关。《乡村振兴战略规划（2018—2022）》提出了"增加公共服务供给""合理配置公共服务设施""城乡公共服务共建共享""整合优化公共服务和行政审批职责""健全乡村治理体系""促进自治法治德治有机结合"的新要求，为村庄公共服务中心的建设与服务提供指明了新的方向。村庄公共服务中心不仅承担为村民提供公共服务的功能，也是提升基层治理现代化水平的重要载体。

2018 年中共中央、国务院印发《关于建立健全城乡融合发展体制机制和政策体系的意见》，要求"推动公共服务向农村延伸、社会事业向农村覆盖，健全全民覆盖、普惠共享、城乡一体的基本公共服务体系，推进城乡基本公共服务标准统一、制度并轨"，为农村与城市享受相同的基本公共服务提供了指引。

2019 年中央 1 号文件提出"扎实推进乡村建设，加快补齐农村人居环境和公共服务短板"。2020 年的中央 1 号文件提出"对标全面建成小康社会加快补上农村基础设施和公共服务短板"。连续两年的中央 1 号文件，农村公共服务被视为乡村建设、城乡融合以及全面建成小康社会的"短板"。补齐公共服务短板，提高公共服务质量，促进基层治理现代化，既是保障和改善民生的要求，又能促进高水平建成小康社会，而加快村庄公共服务中心建设是弥补该短板的物质基础与载体，受到相关部门的广泛关注。2020 年，国家标准《村级公共服务中心建设与管理规范》（GB/T 38699—2020）发布实施，为村庄公共服务中心的规范化建设与管理提供指导，对于促进政府行政管理、公共服务与农村居民自我管理、自我服务更好地衔接互动，增强农村基层自治和服务功能具有重要意义。2021 年中央 1 号文件明确提出要"强化农村基本公共服务供给县乡村统筹，逐步实现标准统一、制度并轨"。

(二) 重要意义

村庄公共服务中心作为基层基本服务的综合性平台,使行政管理、行政审批、行政服务、公共服务延伸到了最基层,打通了联系服务群众的"最后一公里",既解决农村基层服务网络不全、服务机制缺失、农村公共服务碎片化的问题,又有效促进农村基层组织职能从管理向服务转型,推进基层干部角色和作风转变,是新形势下贯彻以人为本、执政为民理念的必然要求,是加强和创新社会管理、强化基层社会治理,促进农村社会和谐稳定、深入推进农村党风廉政建设的重要举措和有效载体,在农村经济社会发展中具有重要意义。

第一,维护了农村社会稳定。通过建设村庄公共服务中心,充分发挥其组织、协调、服务的作用,及时、有效地调解了一些常见的矛盾纠纷,如邻里纠纷、家庭纠纷等,缓和了群众之间的矛盾,维护了农村社会基层的稳定,有利于建设平安乡村。

第二,促进了农村精神文明建设。村民日益增长的对文化休闲娱乐的需求和农村这类需求供给不足的矛盾日益加深。服务中心应是开展文化体育娱乐等各类活动的平台与载体,如文化活动室、图书阅览室、老人活动中心、健身设施、乒乓球桌、篮球场等设施的设立,满足了村民在这方面的需求,也维护落实了他们参与公共文化服务的基本权益,有力促进了农村精神文明的建设与发展,是对"三治融合"中"德治"的有力支撑。

第三,为村民提供了高效便捷的服务。按照便民利民原则,将与农民息息相关的部分政府审批项目下放到乡镇和农村。服务中心内设立专门的"一站式"大厅,通过"一站式"流程为村民提供代办、咨询和帮扶服务,使服务事项公开化、服务流程规范化,逐步建立科学合理、行为规范、机制健全、运转协调、廉洁高效的便民利民服务工作体系,既方便群众办事,也改善政府行政服务的质量建设,是落实行政审批便民化的有效途径。

第四,密切了党群干群关系。服务中心是村两委和其他村级基层组织的办公场所。其中,村两委可以说是服务中心的"大脑",整个中心的运行和管理都要在它们直接领导下进行。同时，服务中心也应是村基层组织开展党建工作及提供纠纷调解、综合治理、警务等服务的场所。

第五，推进了基层民主政治建设。农村从本质上说是一个自治的社区，服务中心应是村民实行民主选举、民主决策、民主管理和民主监督的场所，具备村级组织和党员群众开会议事、学习培训等功能，是实践自我管理、自我教育和自我服务的重要平台。由于村庄公共服务中心定位在村落这个最小单元，加之农村运行的工作机制和开展的工作内容，都紧扣了广大群众的意愿和切身利益，这为更好地开展村民自治打下了坚实的群众基础。

第六，促进了农资商贸流通。服务中心的主旨是便民利民。因此服务中心还应是农资商贸服务场所，为村民提供生产、生活消费的便利服务。随着互联网在社会、经济及生活中所发挥的巨大作用，农村电子商务市场潜力巨大。商务部发布的《"互联网＋流通"行动计划》，提出主要任务是鼓励电商进军农村和社区，包括推动电子商务进农村，培育农村电商环境；鼓励电子商务进社区，拓展服务性网络消费范围等。

第七，夯实了乡村振兴的工作基础。从当前各地开展的村庄公共服务中心建设及服务来看，与乡村振兴战略"产业兴旺、生态宜居、乡风文明、治理有效、生活富裕"的总体目标要求和美丽乡村的建设要求相一致的，可以说，村庄公共服务中心是美丽乡村建设、新型城镇化建设、城乡一体化的有效载体和途径。通过建设村庄公共服务中心，为全面实施乡村振兴战略打下坚实基础。

二、村庄公共服务中心的建设情况与发展趋势

（一）村庄公共服务中心建设情况

近年来，各地纷纷根据自身经济社会发展水平与实际需求，制定了相关政策文件，在制定和农村建设相关的规划中，把村庄公共服务中心作为重要任务和考核指标。表1为部分省份村庄公共服务中心行政村覆盖率统计情况。上海、重庆、江苏、浙江、福建实现了村级综合性公共服务中心行政村全覆盖，而广西的覆盖率为85.8％。山东省农村社区公共服务中

心已实现全覆盖，湖南省村级综合性服务平台 2020 年实现基层公共服务（一门式）全覆盖。其他省份中，河南省济源市标准化以上村（社区）党群服务中心实现全覆盖，河北省饶阳县实现了村级综合服务站全覆盖，甘肃省 10 个市州 2020 年实现了市县乡村便民服务中心全覆盖。我们以浙江、广西和宁夏为例介绍如下。

表 1 部分省份村庄公共服务中心覆盖率

省份	2019 年覆盖率
上海	100%
浙江	100%
江苏	100%
福建	100%
重庆	100%
山东（农村社区公共服务中心）	100%
湖南（村级综合性服务平台）	100%
广西	85.8%

1. 浙江村庄公共服务中心建设情况

2009 年，浙江省城乡社区建设领导小组发布了《关于加强农村社区服务中心建设的通知》，规定了农村社区服务中心的布点、建设途径、建设主体、标识等要求，明确指出，农村社区服务中心既是农村各类居民参与自治活动的场所，又是接受就业帮助、社会救助、社会福利、公共安全、卫生计生、文化教育、体育健身、环境保护、应急避灾及审批代理等公共服务的场所，还可配备必要的便民利民商贸服务功能；应配有室外活动场所、村务公开栏、法制科普栏。由民政部门牵头，浙江省开展了以一村一中心、多村一中心为主要模式的服务中心建设，并在 2011 年实现了全省全覆盖。

2. 广西村庄公共服务中心建设情况

广西对村庄公共服务中心的建设十分重视，从 2009 年开始，连续 11 年出台了相关实施方案，对全自治区每年村级公共服务中心的建设内容、资金安排、工作要求等做了统筹部署。各地级市及区县也根据自治区文件精神，结合自身实际制定了更加细化、可操作性的实施方案，为进一步加快发展农村公共事业，完善农村公共服务体系，推进基本公共服务均等化提供政策保障。经过多年来的持续推进，广西在村级公共服务中心建设资金投入、建设内容扩展、建设项目数量、数字化服务及特色文化融入等方面都取得了较为显著的成效，创造了欠发达地区基层公共服务体系建设的广西经验。

3. 宁夏村庄公共服务中心建设情况

2016年，宁夏实施贫困地区"百县万村"综合服务中心示范工程，按照中宣部"七个一"标准的要求完善基层公共文化设施和场所，建成示范性村综合服务中心110个，位于中南部9县（区）105个；2017年，全面实施文化扶贫工程村综合服务中心建设工程，截至2017年9月已全面完成贫困地区606个村综合服务中心建设和555个村功能提升任务，实现文化设施到村、文化服务到户、文化普及到人、文化扶贫到"根"，率先在全国实现了贫困地区村综合服务中心全覆盖。

（二）村庄公共服务中心发展模式

1. 运营模式

（1）政府投资、部门共建。政府投资、部门共建的模式主要是由政府投资建设村级公共服务中心，通过村级管理职能和基本公共服务功能，搭建面对村民的公共服务平台。在基础设施建设资金筹集上，省、市安排专项资金予以资助，对于建设资金不足的部分由县、乡、村自筹解决。在产权归属上，建成后的村级公共服务中心建设用地属村集体所有，地上建筑物属国有资产，使用权归村集体。在日常管理上，由村两委制定并落实各项管理制度和措施，加强对设施的使用、维护管理等。

2007年，沈阳市下发了《关于农村村级公共服务中心建设试点工作方案的通知》，市政府投入3 500万元资金建立了105个村级公共服务中心。在基础设施建设资金筹集上，沈阳市规定，服务中心用房，列入试点建设计划，新建村级公共服务中心，每个村通过市新农村建设专项资金安排10万元，通过市财力基建资金安排10万元，两笔资金整合，建设不少于300平方米服务中心用房。建设资金不足部分由县、乡、村自筹解决。

（2）专款扶持、以商养益。专款扶持、以商养益的模式，主要是由政府负责投资建设村级公共服务中心，而运行则通过商业化、第三方运营的模式开展。

从 2005 年下半年开始，国家发改委在重庆市 3 个乡镇的 30 个行政村，开展了村级社会公共服务中心建设的试点。2006 年，重庆市把建设村级社会公共服务中心作为新农村工作的重点之一，从基本建设、支农、社会事业等各个项目中"分流"出的 3.2 亿元财政资金，支持 2 000 个村级社会公共服务中心的建设。此次建设试点的投入基本上由各级政府尤其是县级以上政府承担，村级除了解决建设用地外原则上不再出资。重庆市村级综合服务中心的运行走的是"以商养益"的路子，村级社会公共服务中心的生产生活用房，采取租赁经营方式收取租金，再用租金补助中心正常运转。

（3）政企社共建。政企社共建模式通过充分运用网络信息技术平台，把服务信息和需求信息"打包"，实现组团式服务和组团式需求的有效对接，有效解决供给信息和需求信息的分散化问题。该模式通过整合供给方的资源为老百姓提供组团式、多样化、及时性的服务，大大降低了农村公共服务中的信息成本和交易成本。在浙江省遂昌县，村级便民服务中心的硬件设施由政府负责投资和建设，而在服务、运行过程则由第三方运营机构负责以全县村级（社区）便民服务中心为载体的政企共建项目推广和平台维护，以一站式服务以及专人、专业方式来处理日常民生事务，包括经上级部门审核许可的 200 多项咨询、导办、代办民生类服务事项。

2. 建设模式

（1）"多村一中心"和"一村一中心"相结合。结合多年来的探索实践经验，各地根据地区人口、乡镇村布局以及产业发展情况，主要采取"多村一中心""一村一中心"相结合的建设模式。村庄相连、交叉居住、需求相近的区域，采取了"多村一中心"的建设模式；人口相对密集、地理位置独立的村，采取了"一村一中心"的建设模式；地域面积小、人口较少和边远山区、经济薄弱村人口少的部分偏远地区建立了社区（村级便民）服务站点。浙江省磐安县作为欠发达地区，很多村的经济基础较为薄弱，无法为村民提供全面的公共服务，而多个相邻的行政村共同组建一个社区服务中心，能够集中资源办事、提高使用效率。

（2）标准化与分档次相结合。在各地推进村庄公共服务中心的过程中，遵循"因地制宜、循序渐进、由易到难、由点到面"原则，坚持从农村实际出发，部分地区在规模及配置要求上，实行分级推进。以浙江省为例，杭州、嘉兴、舟山等条件较好的市，坚持以高标准的示范型服务中心为主导来建设村级便民服务中心。绍兴、金华、丽水等地根据服务对象人数和集体经济收入情况，分别确立了"示范型、标准型、简易型"三个档次的建设标准。安吉、温州等地，依据村的不同规模和公共服务要求，对村庄公共服务中心、便民服务中心设定了分类要求，不同的类别所要包含的公共服务场所及设施设备等也不同。

（三）村庄公共服务中心存在的问题

尽管取得了一定成效，但由于各地经济社会发展不均等原因，村庄公共服务中心在建设、服务与管理方面仍然存在基础设施不完善、设施设备落后、资源欠缺整合、地区发展差距较大、建设资金不足等问题，直接影响农村公共服务产品的有效供给，已无法适应新时代的发展要求。

1. 名称混乱，村民对村庄公共服务中心概念模糊

根据调研情况，目前全国各地村庄公共服务中心的挂牌名称仍存在较为混乱的状态。据调查了解，对于村中公共服务中心，目前还存在着"公共服务中心""综合服务中心""公共服务站""便民服务站""综合文化服务中心"等多种叫法，同时牵头管理部门不同，对村级基层组织工作的开展造成困扰。各部门各自为政，有时通过行政命令的方式，打着考核的旗号，使行政村出现忙于应付、力不从心的现象。

2. 区域间发展不平衡，重视程度差异大

基于各地经济发展条件、地理位置、人口规模等因素，各地村级公共服务中心的建设与发展不平衡，无论是硬件设施、人员配置、人员素质、服务提供等方面都存在较为明显的差距，同时，政府领导重视程度不同。整体上，江苏、浙江、福建等经济发达地区的情况较好，而经济落后、偏远地区则相对滞后。

3. 设施利用不均衡，有效利用率低

村庄公共服务中心的初衷是将村民的社会保障、医疗就诊、矛盾调解、娱乐休闲等多种需求集中高效提供，但部分地区由于资源整合不够，公共服务中心布局不合理，造成利用率偏低。经济相对落后村庄因缺乏开展活动的经费，存在设施设备闲置现象。经济相对发达村庄，因人口结构老化和生活习惯，存在设施利用不均衡现象，如室外健身和老人活动中心利用率高，图书室利用率低。调研还发现，公共服务中心还存在设备设施运维管理缺位等问题，容易造成安全隐患，也导致资源浪费。

4. 服务模式相对单一，不适应多元化发展格局

当前，村民获取服务和信息的渠道相对较为单一，通常以面对面的临柜办理形式，及以传统的宣传栏、口耳相传等传统方式获得信息为主。随着电子化、信息化、数字化等新技术新模式的推进，服务中心工作人员及群众对服务模式的创新也有了新的需求。部分村庄公共服务中心提出希望相关部门能将办事流程及程序以电子化方式提供，同时也提出开展"上门服务""电话预约服务""在线服务"等服务模式。

5. 建设资金不足，设施设备急需更新换代

各地在建设村庄公共服务中心时，往往面临着建设资金不足的问题。部分地区由于村集体经济较为薄弱且财政拨款不到位，村内没有建设村庄公共服务中心。较早建成的村庄公共服务中心经过多年的运行，部分设施设备已经出现老旧损坏现象，部分设施设备已经不再适应村民的实际需求，由于缺乏建设资金，导致这些老旧设施设备不能及时更新换代或维修保养，对村庄公共服务中心提供服务造成阻碍。

（四）村庄公共服务中心发展趋势

村庄公共服务中心以集中化、一体化方式为村民提供公共服务，具有效率优势和整合效应，从而更好满足村民对公共服务的需求。在全面推进乡村振兴目标背景下，新时代的村庄公共服务中心的发展与国家解决"三农"问题的实现路径相契合，主要呈现以下发展趋势：

1. 服务内容全面化

村庄公共服务中心的主要职能是为村民提供便捷高效的集中式服务，

高度体现了"以人为本"和"为人民服务"的宗旨，应秉承"一站式办公"和"一条龙服务"的理念，坚持以群众需求为导向，把与基层群众生产生活密切相关的事项尽量纳入服务范围，实现从单一的咨询、代办服务向全方位的综合服务转变。加大村级各类便民服务资源的整合力度，引导各村将矛盾纠纷调解中心、文化俱乐部、商贸服务点、体育健身设施等各类服务管理平台和服务资源纳入村庄公共服务中心统一管理，实现资源共享、集中服务。

2. 服务提供规范化

推进农村基层服务规范化标准化，提升服务中心的建设质量、服务质量和管理水平是实现服务中心由量变到质变突变的基础。需因地制宜，制订不同规模类型的村庄公共服务中心软硬件建设标准，逐步实现场所设施的规范化。按照"一门受理、全程服务"的要求，公开服务项目、办事流程、办理时限及投诉渠道，完善便民服务内容、流程和方法，以标准化促进基本公共服务均等化、普惠化、便捷化。

3. 公共服务专业化

服务中心要为村民提供优质服务，离不开高素质的工作人员。应加强以村干部、乡镇驻村干部、志愿者和相关职能部门联络员为主体的人员队伍建设，注重教育培训，完善奖惩机制，提升服务能力，打造高效、廉洁、专业的服务队伍。

4. 群众服务数字化

结合数字乡村背景，通过数字化改造，将信息化、智慧化手段应用到村庄公共服务中心的管理与服务中去，构建乡村数字治理新体系，积极推行"互联网＋政务服务""远程医疗""在线文化服务""远程教育"等服务形式，积极运用移动互联网等服务载体，做到方便群众、提升效率，逐步实现村事"最多跑一次"，提升服务便利度及均等化。

5. 支持保障常态化

推动建立城乡统筹的基本公共服务经费投入机制，坚持把村庄公共服务中心专项补助经费列入同级财政预算，健全财政补助与村集体经济投入、涉农帮扶、社会捐助等相结合的多元化经费筹措机制，重点加强对经济欠发达地区村庄公共服务中心的资金扶持。健全政府主导、多方参与、市场运作的村庄公共服务中心管护运维体制机制。

6. 城乡融合互补化

构建镇村生活圈服务体系，通过镇级公共服务能级提升，促进城乡融合。以良好的设施配套和高品质的服务供给，增强城镇的综合吸引力和辐射带动力，促进公共服务更高质量更高水平的多元化、优质化发展，使生活圈中的城镇居民和村民能够分别享受到乡村和城镇优质服务，形成优势互补的格局。

三、村庄公共服务中心建设投资分析

基于村庄公共服务中心的背景、成效、发展趋势，需要了解分析全国各地村庄公共服务中心的建设投资情况，为政府相关部门"十四五"期间制定相应的政策、争取资金支持、补上农村公共服务短板提供参考。

本次投资分析仅针对村庄公共服务中心的房屋建设与设施设备，不包括征地补偿投资和后期的管理维护费用。

（一）调研及问卷收集情况

1. 问卷内容

采用问卷调研的方式收集各地村庄公共服务中心建设即投资情况。本研究根据国家标准《村级公共服务中心建设与管理规范》，明确了村庄公共服务中心应包括办公室、一站式服务大厅、综合调解室、多功能活动室、图书阅览室、村民活动室、村卫生室、商贸服务站、室外活动设施等主要功能室，并依此设计了调研问卷，包括总使用面积、总投入、各功能室使用面积等内容。对于改扩建的村庄公共服务中心，由于各地改扩建情况差异较大，改扩建的程度难以统一，无法估算改扩建成本，因此本次调查问卷以新建村庄公共服务中心为主。

2. 问卷发放回收情况

调研问卷发放范围为安徽、浙江、四川、云南、陕西、吉林、江苏等省份，基本代表了我国东中西部地区情况。其中，选取的问卷调研村尽可能覆盖到不同乡镇、不同发展水平、不同人口规模，共收到问卷 326 份，其中有效问卷 294 份，有效率 90.2%。

（二）测算原则

《乡村振兴战略规划（2018—2022）》将村庄按照功能定位分为四类：城郊融合类、集聚提升类、特色保护类和撤并搬迁类。对于城郊融合类村庄，由于其靠近城镇，城镇的公共服务和基础设施等会覆盖到这类村庄，该类村庄的规划可纳入城镇详细规划统筹编制。对于自然灾害多发、生态环境恶劣、人口流失特别严重、因国家大型项目需要搬迁、纳入"撤并搬迁类"的村庄，对村庄公共服务中心的新建改建工程应进行限制，少建或不建。对于特色保护类村庄，村庄公共服务中心的选址、风貌等应与当地特色资源相适应，承载文化传承功能。根据武汉大学教授贺雪峰的研究，四类村庄中，集聚提升类村庄占 95% 以上，因此，本次测算的重点是集聚提升类村庄。

1. 按人口分类

根据《乡村公共服务设施规划标准》（CECS 354—2013），村庄按规模分为特大型（人口数大于 3 000）、大型（人口数大于 1 001 小于 3 000）、中型（人口数大于 601 小于 1 000）和小型（人口数小于 600），结合各省调研问卷反馈，目前小于 600 人的村庄数量较小，因此将小型村庄并入中型村庄，调整后的分类情况见表 2。

表 2　服务人口规模分类

村庄类型	服务人口
特大型	3 000 人及以上
大型	1 001～3 000 人
中小型	1 000 人及以上

2. 按区域分类

本次调研问卷选取了云南、四川、陕西、安徽、浙江、江苏、吉林 7 个省份，基本代表了东中西部地区。综上，将本次测算分为东部地区（浙江、江苏）、中部地区（吉林、安徽）和西部地区（云南、陕西、四川）。

（三）数据处理方法

1. 使用面积

本次测算的办公室、一站式服务大厅、综合调解室、多功能活动室、图书阅览室、村民活动室、村卫生室、商贸服务点、其他配套设施的使用面积来源于各地调研问卷数据。为减小由于极端值造成的误差，对各功能室使用面积进行数据处理时，去掉 10％的极大值和 10％的极小值，对剩下的数据计算平均值和标准差，得到各功能室的使用面积范围。

2. 建设投资

为减小由于极端值造成的误差，对建设投资数据进行处理时，去掉 10％的最大值和 10％的最小值，对剩下的数据构建使用面积和成本的函数关系。村庄公共服务中心使用面积为自变量 x，总成本为变量 y，构建函数关系。通过对比分析，截距为 0 的线性函数在相关性和有效区间上相对比较合理，因此构建 $y＝ax$ 的线性函数，当 $x＝1$ 时，即为每平方米成本。将每平方米成本与使用面积相乘，得到村庄公共服务中心每个功能室及主体设施总成本。

3. 数据换算

由于房屋建设、设施设备成本受市场价格波动影响，为更加科学地指导"十四五"期间村庄公共服务中心投资，本次研究拟采用不同年份的固定资产投资价格指数作为换算依据，将问卷统计数据换算为 2021—2025年的预测值。

（四）村庄公共服务中心使用面积

本测算中的功能室参考国家标准 GB/T 38699—2020《村级公共服务中心建设与管理规范》，为村级公共服务中心应具备的一般要求，各地可结合自身实际情况进行调整。

根据调研问卷，结合国家标准《村级公共服务中心建设与管理规范》，确定办公室、一站式服务大厅、综合调解室、多功能活动室、图书阅览室、村民活动室、村卫生室、商贸服务点、其他配套设施为本研究中村庄公共服务中心的功能室。

特大型村庄、大型村庄和中小型村庄各功能室使用面积及总面积统计结果见表 3。本次测算中总使用面积为单独建设各功能室及配套设施面积之和，各地可根据实际情况将功能室合并使用。

表 3　村庄公共服务中心各功能室及总使用面积

单位：平方米

	特大型村庄	大型村庄	中小型村庄
办公室	120～140	100～120	90～110
一站式服务大厅	70～90	60～80	60～70
综合调解室	30～40	25～35	25～30
多功能活动室	100～125	80～100	70～90
图书阅览室	35～45	30～40	30～35
村民活动室	90～110	80～100	60～80
村卫生室	120～150	90～120	70～90
商贸服务点	100～120	100～110	85～105
主体功能室总面积	665～820	565～705	490～610
其他配套设施	150～170	140～160	120～140
总使用面积	815～990	705～865	610～750

（五）村庄公共服务中心建设成本分析

本次分析对象为新建村庄公共服务中心，建设成本分析包括新建公共服务中心的房屋建安工程、装修工程以及配套的主要设施设备购置安装费用。本次建设成本分析不包含平时的运行管理维护费用。

1. 不同地区不同类型投入对比分析

（1）同一地区不同规模投入对比。如表 4，对于同一地区而言，特大型村庄的公共服务中心单位成本最高，随着村庄规模减小。单位成本也随之减少。东部地区特大型村庄单位成本为 2 360 元/平方米，分别较大型村庄和中小型村庄高 6.8% 和 12.4%；中部地区特大型村庄单位成本为 2 160 元/平方米，分别较大型村庄和中小型村庄高 6.9% 和 11.9%；西部地区特大型村庄单位成本为 1 800 元/平方米，分别较大型村庄和中小型村庄高 8.4% 和 9.1%。特大型村庄总体平均单位成本为 2 080 元/平方米，分别较大型村庄和中小型村庄高 7.7% 和 9.5%。东部地区和中部地区不同规模的村庄公共服务中心单位成本差距较为接近，西部地区大型村庄和中小型村庄的单位成本相差不大，总体平均单位成本与中部地区数据较为接近。

（2）同一规模不同地区投入比对。如表 4，对于同一规模村庄而言，东部地区村庄公共服务中心单位成本最高，随着经济发展水平降低，单位成本也随之减少。东部地区特大型村庄单位成本为 2 360 元/平方米，分别较中部和西部高 9.3% 和 31.1%；东部地区大型村庄单位成本为 2 210 元/平方米，分别较中部和西部高 9.4% 和 33.1%；东部地区中小型村庄单位成本为 2 100 元/平方米，分别较中部和西部高 8.8% 和 27.3%。对于单位成本，不同地区之间的差距要大于不同规模之间的差距。西部、中部、东部不同规模村庄公共服务中心平均单位成本比例为 1∶1.2∶1.3。

表 4　不同地区不同类型新建村庄公共服务中心成本及总投资分析

村庄类型		总使用面积（平方米）	单位成本（元/平方米）	总投资（万元）	平均值（万元）
东部地区	特大型	815～990	2 360	210～258	195
	大型	705～865	2 210	171～211	
	中小型	610～750	2 100	142～176	
中部地区	特大型	815～990	2 160	192～235	178
	大型	705～865	2020	157～195	
	中小型	610～750	1 930	129～161	
西部地区	特大型	815～990	1 800	165～200	152
	大型	705～865	1 660	131～162	
	中小型	610～750	1 650	113～141	
总体平均	特大型	815～990	2 080	187～227	168
	大型	705～865	1 930	136～168	
	中小型	610～750	1 900	129～160	

2. 数据合理性验证

为验证投入分析的科学性与合理性，将分析结果与部分地区建筑工程造价控制指标进行对比，由于各地单位成本计算结果平均值与 2015 年的单位成本接近，故选取 2015 年为代表年，选取 2015 年的建筑工程造价控制指标；根据《2015 年广州市房屋建筑工程技术经济指标》，2015 年广州市政府投资的房屋建筑工程造价控制指标为 2 201 元/平方米；根据《2015 湖南省建设工程造价经济参考指标》，2015 年湖南省公共建筑建安工程单方造价为 1 397 元/平方米；根据《关于发布成都市房屋建筑工程建安造价最低控制指标的通知》（成建价〔2015〕12 号），2015 年成都市房屋建筑工程建安造价最低控制指标为 1 700 元/平方米，分别代表东、中、西部地区的建安工程基准值。

本次投入分析，东部地区不同类型村庄建安工程和装修装饰工程的平均造价之和为 1 979.3 元/平方米，与广州的 2 201 元/平方米相差 10.3%，测算结果较为接近；中部地区不同类型村庄建安工程平均造价为 1 438.7 元/平方米，与湖南省的平均值 1 315 元/平方米相差 8.5%，测算结果较为接近；西部地区不同类型村庄建安工程平均造价为 1 219 元/平方米，与成都 1 700 元/平方米相差 28.3%，测算结果相比东部和中部地区差异较大，原因可能是成都市作为省会发达城市，建筑工程建安造价较西部其他地区要高，城乡之间差距要大于东部和中部地区。

综上，东部地区和中部地区房屋建安工程单位成本计算结果与广州市、湖南省建设工程造价管理站发布的房屋建筑工程建安造价最低控制指标分别差 10.3% 和 8.5%，西部地区房屋建安工程单位成本计算结果比成都市房屋建筑工程建安造价最低控制指标低 28.3%。总体而言，由于造价指标值是指向于城市，农村整体实际造价成本要低于城市，因此结果较为可靠。

四、"十四五"期间村庄公共服务中心投资测算

根据前述计算结果，不同地区、不同规模村庄公共服务中心平均建设成本为 1 970 元/平方米，与 2015 年的单位建设成本较为接近，因此选择 2015 年为村庄公共服务中心投资现状的代表年。

（一）"十四五"期间新建村庄公共服务中心投资测算

由于调研问卷中各地村庄公共服务中心的建成年份不相同，要对"十

四五"期间村庄公共服务中心建设投资进行测算,需要将前述计算结果换算为 2021—2025 年的预测值。由于村庄公共服务中心投资主要是房屋建筑和设施设备,因此我们选定不同年份的固定资产投资价格指数为换算依据。根据《中国统计年鉴 2019》,将 1990—2018 年的固定资产投资价格指数作为基础数据,预测 2021—2025 年的投资,见表 5。

表 5 2021—2025 年新建村庄公共服务中心投资估算

年份			2015	2021	2022	2023	2024	2025
东部地区	特大型村庄	单位成本（元/平方米）	2 360	2 760	2 800	2 860	2 900	2 960
		总投资（万元）	210~258	245~302	250~307	255~313	259~318	264~324
	大型村庄	单位成本（元/平方米）	2 210	2 580	2 630	2 680	2 730	2 770
		总投资（万元）	171~211	200~247	204~251	207~256	211~260	215~265
	中小型村庄	单位成本（元/平方米）	2 100	2 450	2 500	2 540	2 600	2 640
		总投资（万元）	142~176	166~206	169~210	172~213	175~217	178~221
	东部地区投资平均值（万元）		195	228	232	236	240	244
中部地区	特大型村庄	单位成本（元/平方米）	2 160	2 520	2 570	2 620	2 660	2 700
		总投资（万元）	192~235	224~275	229~280	233~285	237~290	241~295
	大型村庄	单位成本（元/平方米）	2 020	2 360	2 400	2 450	2 500	2 540
		总投资（万元）	157~195	183~228	187~232	190~236	194~241	197~245
	中小型村庄	单位成本（元/平方米）	1 930	2 250	2 300	2 340	2 380	2 420
		总投资（万元）	129~161	151~188	154~192	156~195	159~199	162~202
	中部地区投资平均值（万元）		178	208	212	216	220	224

（续）

年份			2015	2021	2022	2023	2024	2025
西部地区	特大型村庄	单位成本（元/平方米）	1 800	2 100	2 140	2 180	2 220	2 260
		总投资（万元）	165～200	193～234	196～238	200～242	204～247	207～251
	大型村庄	单位成本（元/平方米）	1 660	1 940	1 980	2 010	2 050	2 080
		总投资（万元）	131～162	153～189	156～193	159～196	162～200	164～203
	中小型村庄	单位成本（元/平方米）	1 650	1 930	1 960	2 000	2 030	2 040
		总投资（万元）	113～141	132～165	135～168	137～171	139～174	142～177
	西部地区投资平均值（万元）		152	178	181	184	188	191
总体平均	特大型村庄	单位成本（元/平方米）	2 080	2 430	2 480	2 520	2 570	2 600
		总投资（万元）	187～227	219～265	223～270	227～275	231～280	235～285
	大型村庄	单位成本（元/平方米）	1 930	2 250	2 300	2 340	2 380	2 420
		总投资（万元）	136～168	159～196	162～200	165～204	168～207	171～211
	中小型村庄	单位成本（元/平方米）	1 900	2 220	2 260	2 300	2 340	2 390
		总投资（万元）	129～160	151～187	154～190	156～194	159～197	162～201
	总体投资平均值（万元）		168	196	200	203	207	211

部分地区村庄公共服务中心为现有房屋改建而成；考虑到改建主要是对原房屋的功能分区及装修装饰，参考《党政机关办公用房建设标准》，改建的单位成本通常为新建成本的25％～35％。

（二）"十四五"期间村庄公共服务中心投资规划

1. 规划目标

根据国家《乡村振兴战略规划》及其他基本公共服务、农业农村发展领域的文件、规划、政策，结合各地发展实际综合考虑，确定规划目标：以 2020 年指标为基期值，到 2022 年，村庄公共服务中心覆盖率达到 98%；到 2025 年，村庄公共服务中心基本实现全覆盖。

2. "十四五"期间村庄公共服务中心总投资测算

根据住建部《中国城乡建设统计年鉴 2018》，截至 2018 年，全国共有行政村 528 628 个，根据贺雪峰的研究，目前集聚提升类村庄占 95% 以上，因此，测算时全部认定为集聚提升类。

（1）东部地区。东部地区行政村占全国 37.63%，约为 20 万个。根据资料显示，2020 年东部地区村庄公共服务中心平均覆盖率为 93%，还有 1.35 万个村没有覆盖。2021 年和 2022 年每年覆盖 2 263 个村，后三年每年覆盖 2 994 个村，共需投资 320 亿元左右。其中，2021—2022 年需投入 103 亿元，2023—2025 年需投入 217 亿元。

（2）中部地区。中部地区行政村占全国 31.57%，约为 16.63 万个。根据资料显示，2020 年中部地区村庄公共服务中心平均覆盖率为 93%，约 1.16 万个村没有覆盖。2021 年和 2022 年每年覆盖 4 143 个村，后三年每年覆盖 1 105 个村，共需投资 247 亿元左右。其中 2021—2022 年需投入 174 亿元，2023—2025 年需投入 73 亿元。

（3）西部地区。西部地区行政村占全国 30.80%，约为 16.23 万个。根据资料显示，2020 年西部地区村庄公共服务中心平均覆盖率为 95%，约 0.81 万个村没有覆盖。2021 年和 2022 年每年覆盖 2 430 个村，后三年每年覆盖 1 080 个村，共需投资 148 亿元左右。其中 2021—2022 年需投入 87 亿元，2023—2025 年需投入 61 亿元。

（4）全国层面。如表 6，从全国层面来说，"十四五"期间实现新建村庄公共服务中心全覆盖需投入 715 亿元，其中，2021—2022 年需投入 364 亿元，2023—2025 年需投入 351 亿元。715 亿元为"十四五"期间新建村庄公共服务中心理论投资额，由于部分村庄的公共服务中心为利用现有资源改扩建，同时部分村庄裁撤合并，村庄数量减少，最终实际投入要低于此数据。

表6 "十四五"期间新建村庄公共服务中心总投入

单位：亿元

	中期目标 （2021—2022 年）	远期目标 （2023—2025 年）	总投入
东部地区	103	217	320
中部地区	174	73	247
西部地区	87	61	148
全国	364	351	715

五、加强村庄公共服务中心建设对策建议

党的十九大提出实施乡村振兴战略、优先发展农业农村，全社会关心农业、关注农村、关爱农民的氛围更加浓厚。当前，我国已是世界第二大经济体，人均 GDP 超过 1 万美元，支持农业农村发展的物质基础更加雄厚。"十四五"时期是我国由全面建成小康社会向基本实现社会主义现代化迈进的关键时期，是实现第二个百年奋斗目标的第一个五年。这一时期，乡村发展将处于大变革、大转型的关键时期，农民生活水平和质量需要普遍提高，农业农村现代化和农民生活要迈上一个新台阶，需要加强村庄公共服务中心建设，为农民提供更高质量的公共服务。

（一）推进路径

1. 分类型推进村庄公共服务中心建设

对于城郊融合类村庄，可纳入城镇规划统筹建设；对撤并搬迁类，村庄公共服务中心应少建或不建；集聚提升类在数量上占多数，因此将相关财政资金和政策主要集中在这类村庄；特色保护类村庄公共服务中心在选址、风貌等方面应更加注重与当地特色资源相适应，注重保护与文化传承

功能。

基于资源共享最大化及村民便利化的综合考虑，人口较少、村庄相邻、需求相近的村，可根据实际采取多村合建的形式。对于无法统一地点集中建设的，可根据人口分布等实际情况实行"一中心多点"的分散式建设模式。

2. 分阶段推进村庄公共服务中心建设

到 2022 年，村庄公共服务中心覆盖率达到 98%，东部地区基本实现全覆盖；到 2025 年，村庄公共服务中心基本实现全覆盖。

各地制定相应的实施方案，针对各自薄弱点，采取分步推进的方式，对革命老区、少数民族地区、边疆地区、贫困地区等急需村庄公共服务中心的村优先或重点建设。

3. 分需求打造功能高效的村庄公共服务中心

对于同一地区不同发展水平的村庄，可采取分档建设的方式，分为简易型、基本型、示范型等不同档次，并以村民需求为核心开展多种活动，提高设施利用率。其中，简易型建议按照国家标准《村级公共服务中心建设与管理规范》（GB/T 38699—2020）配备基本的功能室；基本型可在简易型基础上，根据村产业发展类型等特点，配备商贸服务点等设施；示范型可结合自身特色、经济发展水平以及数字乡村建设等发展趋势，按需配备"远程医疗""远程教育"等相应的功能室与设施设备，将数字化手段融入乡村公共服务与治理。

4. 分区域安排村庄公共服务中心投资补助

中央统筹考虑地方实际和发展需要，加大一般性转移支付力度，并向巩固脱贫成果地区、少数民族地区、革命老区、边疆地区倾斜。科学设定财政补助标准，发挥财政资金引领作用，带动社会资本投入，保障资金足额落实到位。

根据调研问卷计算结果，东部地区新建村庄公共服务中心 2021—2025 年单位成本为 2 640～2 790 元/平方米，中部地区为 2 380～2 550 元/平方米，西部地区为 1 990～2 130 元/平方米，总体为 2 300～2 470 元/平方米；西部、中部、东部不同规模村庄公共服务中心平均单位成本比例为 1 : 1.2 : 1.3。

（二）保障机制

1. 规划引领，加强统筹指导

各地应将村庄公共服务中心建设列入每年政府为民办实事项目，将其作为政府工作的重点内容，纳入政府工作重要议事日程和绩效考评指标，同时，将村庄公共服务中心建设纳入经济社会发展规划和美丽乡村、乡村振兴等重点工程。成立工作领导小组，建立协调机制，加强对村庄公共服务中心建设的规划指导、综合协调和督促检查，研究重大政策、重点工程和重要举措，督促落实各项任务，充分发挥村庄公共服务中心在农村经济社会发展中应有的积极作用。

2. 明确主体，多元协同推进

建议各地县级以上政府应由农业农村部门作为牵头责任部门，统筹区域内村庄公共服务中心的建设与管理，同时整合自然资源、民政、建设等其他相关部门资源，明确各部门工作目标和任务，切实提高执行力，多元协作共同推进，将区域内各种挂牌名称进行统一化，减少重复建设。各镇乡（街道）成立相应的组织，由主要领导负责抓落实，对村庄公共服务中心的选址、建设与管理进行统一规划部署。

3. 载体落地，开展试点示范

按照统筹规划、整合共享、集聚提升的原则，借助美丽乡村、文明村、数字乡村建设等载体，统筹开展村庄公共服务中心试点示范工作，边试点、边示范、边总结、边推广，探索有益经验。

4. 加大投入，拓宽资金渠道

建立地方为主、中央补助的政府投入体系。各省、市、县（市、区）政府要因地制宜盘活现有资产，统筹整合中央补助地方公共服务体系建设专项、乡村振兴、美丽乡村等资金资源，拓宽资金筹措渠道。各地要严格执行有关规定，切实保证建设资金及时、足额到位，确保资金专款专用，可采用以奖代补、先建后补、以工代赈等多种方式对村庄公共服务中心给予补助，充分发挥政府投资撬动作用，提高资金使用效率。各地要制定出台社会资本投资农业农村的指导意见，加强指导和服务，积极引导和鼓励社会力量通过直接投资、赞助捐助等方式，参与建设。

5. 加强运维，健全管护制度

建立健全农村公共服务中心管护运维机制，明确设施管护主体、管护责任、管护方式、管护经费来源等。加大对村庄公共服务中心管护的投入力度，合理保障村庄公共服务中心建设和运行资金。地方各级政府要依据管护责任、规模和标准，建立城乡一体化的公共财政预算支出体制，将应由政府承担的村庄公共服务中心管护费用纳入本级政府预算，有条件的地方对集体经济薄弱、筹措资金困难的村，适当予以补助。

参 考 文 献

[1] 廖志华，李开林，范霞，等.乡村振兴视阈下广西村级公共服务中心建设研究 [J].广西民族大学学报（哲学社会科学版），2020，42（3）：127-135.

[2] 黄建安，陈志刚.公共服务延伸与农村社会治理创新——浙江建设村级便民服务中心的探索及启示 [J].观察与思考，2017（2）：106-112.

[3] 崔娜.宁夏贫困地区村综合文化服务中心建设与发展情况的调查 [J].田野调查，2018（4）：141-147.

[4] 贺雪峰.乡村振兴规划中的四类村庄 [EB/OL].https://mp.weixin.qq.com/s/TMDx7fENGii1-2k9kKsclQ.2020-8-17.

"十四五"时期优秀农耕文化建设目标路径研究*

中华文明根植于农耕文化。中华传统文化在修齐治平、尊时守位、知常达变、开物成务中逐渐孕育形成了有别于其他民族的独特标识性思想体系。尤其是"道法自然、天人合一"的哲学宗教思想,"乐礼善学、尚中贵和"的社会伦理思想,"自强不息、刚健有为"的道德修养思想,"治国之道、必先富民"的经济管理思想,"礼法合治、德主刑辅"的治国理政思想,体现出中华民族特有的文化基因和价值理念。习近平总书记指出,这些优秀的文化价值观念可以为人们认识和改造世界提供有益启迪,可以为治国理政提供有益启示,也可以为道德建设提供有益启发,是中华优秀传统文化"永不褪色的时代价值"。

一、优秀农耕文化的内涵和特征

(一)优秀农耕文化的科学内涵

农耕文化是人类在为了获取满足自身及整个社会需要的以食物为核心的生存资源、发展资源、享乐资源,增加个人和全社会福祉的过程中,以天地人物合一为理念,以人类劳动为基础,创造形成和吸收应用的一系列与农业生产相关的物质资料、生物资源、生产技术、自然理念、管理经验、伦理规范、思想观念、行为习惯等共同要素的总和。

(二)优秀农耕文化的典型特征

农耕文化具有地域多样性、民族多元性、历史传承性和乡土民间性等

---

* 课题主持人:杨良山,浙江省农业科学院农村发展研究所副研究员。

特征。优秀农耕文化不仅赋予中华文化重要特征，也是中华文化之所以绵延不断、长盛不衰的重要原因。我国发达持久和长盛不衰的传统文化，是我国人民在上万年的持续发展的农业历史中创造的。同时，灿烂辉煌的中华文化又不断丰富和深化农耕的内涵。优秀农耕文化既是时代特征的根源，也是时代的产物，优秀农耕文化既是时代进步的推动力量，也受时代经济社会的影响和制约。

1. 以增加社会福祉为核心

优秀农耕文化具有典型的动态发展性。其在不同的历史阶段，显现出不同的发展目标，但其增加社会福祉的核心目标并未发生改变。无论是在生产力十分落后的古代，还是在科学技术高度发达，生产力得到迅速发展的现代，优秀农耕文化的核心目标都是为了增加社会福祉，这个核心一直没有发生改变，而且也不应该改变。只是随着生产力的发展，人类社会面临的各种主要问题和主要矛盾总是在不断地发生变化，由最初的保障以食物为主体的生存资源的需要，到当前以满足美好生活需要为主体的发展型享受型需要，优秀农耕文化在适应人类需要不断发展变化的过程中实现传承和创新。纵观几千年前我国各地涌现的优秀农耕文化遗产，无不是以充分利用自然条件和自然资源，以达到最大限度地利用自然资源和自然条件，以实现食物等生存资源的最大获得量为目标。在食物供应基本得到保障的现代社会，我国优秀农耕文化的创新，又不断发展成为以满足人们对优质安全的食物需要为核心目标。在新时代，我国优秀农耕文化的核心目标又朝着以保障人们的身体健康、营养安全等方向发展。

2. 以丰富民众生活为宗旨

我国传统优秀农耕文化都是以增加社会福祉为核心目标的，在基本生存需要特别是食物需要得到基本满足以后，派生出各种各样的社会活动，主要包括感恩致谢的祭祀活动、表达喜悦的庆祝活动、期冀美好的祈祷活动等。单一的文艺活动的产生，都是源于食物等基本生存资源得到满足以后的闲余生活的结果。在采集和狩猎时代制造的骨哨、弓箭等生产工具，演化成为后来的笛子、管玄乐器等；用于驱寒取暖围火而坐、围火而动演化成为后来的篝火晚会等。

3. 以保护自然生态为抓手

我国传统优秀农耕文化遗产和现代优秀农耕文化的创新发展，无不显示出我国广大劳动人民对自然的敬畏和对生态保护的重视。无论是山区的梯田农业生产系统，还是平原地区的桑基鱼塘农业生产系统，都是充分利用自然条件、全面适应环境状况的劳动人民智慧的结晶，较好地处理了人类生产、生活与生态环境的矛盾和冲突。在全面保障人类自身生产生活要素供给的基础上，科学合理地适应自然环境，做到既充分利用，又全面保护。这一点在我国古代南方的梯田农业生产系统的建设和管理中，表现的特别明显和突出。纵观各地的梯田农业生产系统，无不有机地嵌套在当地的自然生态系统中，既保证了自然森林系统的永续存在，保障了水资源的永续不断，又保障了耕作系统的持续利用，保障了人类自然生活空间的持续安全。尽管在某些阶段、某些地区，随着新的农作物品种的引进，也发生过毁林垦荒、烧山造地、围湖造田等破坏生态环境的行为，但总体上"尊重自然""天人合一"的生态思想，一直是整个社会的主流。

二、"十四五"我国优秀农耕文化建设的指导思想和基本原则

（一）指导思想

深入贯彻习近平总书记关于三农工作的重要论述精神，紧紧围绕实现中华民族伟大复兴中国梦，牢牢把握社会主义先进文化前进方向，坚持以人民为中心的工作导向，坚持以社会主义核心价值观为引领，坚持创造性转化和创新性发展，充分用好我国农耕文化资源丰富的优势，大力弘扬中华优秀传统农耕文化蕴含的核心思想理念、中华传统美德、中华人文精神，不断增强广大干部群众的道路自信、理论自信、制度自信、文化自信，为坚持农业农村优先发展，全面推进乡村振兴，加快农业农村现代化，实现创新发展、协调发展、绿色发展、开放发展、共享发展，奋发开创经济文化强国建设新局面，实现中华民族的伟大复兴提供强大精神力量。

（二）基本原则

1. 生态优先原则

坚持尊重自然、顺应自然、保护自然，强化原生态保护，恪守自然至上，生态为要，人与自然和谐共生。

2. 绿色发展原则

坚持绿色发展理念，加快形成节约自然资源和保护生态环境的空间格局、产业结构、生产方式、生活方式。

3. 改革创新原则

深化落实农村各项改革，不断完善和创新优秀农耕文化建设体制机制，打造优秀农耕文化创新发展的和谐社会环境，推动优秀农耕文化建设与乡村振兴、美丽中国建设协同并进。

4. 系统推进原则

立足当下，着眼长远，围绕城乡统筹、区域统筹、流域统筹、经济社会发展与生态文明建设统筹，优秀农耕文化传承与创新统筹，全面、系统推进优秀农耕文化建设。

5. 共建共享原则

发扬优秀农耕文化蕴含的合作精神，探索共建共治共享新路径、新机制、新载体，充分调动全社会参与优秀农耕文化建设的积极性。

三、"十四五"我国优秀农耕文化建设的目标

（一）总体目标

到 2025 年，中华优秀农耕文化传承发展创新体系基本形成，主体培育、资源发掘、研究阐发、教育普及、保护传承、创新发展、传播交流、国际合作、对外输出等方面协同推进并取得重要成果，具有中国农业特色、中国农村风格、中国农民气派的优秀农耕文化产品更加丰富，优秀农耕文化在农业高质量发展、高素质农民培育、农产品质量安全、品牌农业发展、农民增收致富奔小康、乡村振兴战略实施等方面的作用得到充分发挥，农村居民文化自觉和农耕文化自信显著增强，农耕文化

软实力的根基更为坚实，优秀农耕文化的社会感召力和国际影响力明显提升。

（二）具体目标

根据"十四五"我国优秀农耕文化建设的总体目标，从主体培育、资源发掘、研究阐发、教育普及、保护传承、创新发展、传播交流、国际合作、对外输出等方面，确定我国优秀农耕文化建设的具体目标。

1. 主体培育目标

以县行政区域为标准，以各县农业特色和特色产业为依据，以县域传统农耕文化内容为基础，每县扶持 10 个左右的农耕文化传承和创新主体。随着我国家庭规模的细化，农耕家庭作为传统农耕文化传承和现代农耕文化创新的主体地位日渐衰落。而随着我国新型农业经营主体的培育，家庭农场、农民专业合作社以及有关的农业企业，其作为传统农耕文化传承主体和现代农耕文化创新主体的作用越来越显现，其在农耕文化传承和农耕文化创新中的地位越来越显著。要以新型农业经营主体作为我国优秀农耕文化传承和优秀农耕文化创新的主体大力加以培育。各地要因地制宜、因产业制宜、因文化制宜，做好本地域内优秀农耕文化的传承规划，选择发展基础较好、创新能力较强、社会责任较强的新型农业经营主体，作为传统优秀农耕文化传承和现代农耕文化创新的主体，重点加以培育，在用地政策、资金供应、人才保障等方面，给予大力支持和扶持，促进本地区传统优秀农耕文化的传承、展示和创新发展。

2. 资源发掘目标

我国各地农业发展过程中，祖先们费尽心血和智慧，创造了许多适应和推动时代生产力发展需求的农耕工具、农耕技术和农作品种，靠手传心授、锲而不舍的创新和传承，成为我国传统农业时代劳动人民留给人类的宝贵财富。随着现代科技的发展，许多农耕工具和农耕技术甚至是农作品种，已经逐步退出生产领域，被各式各样的效率更高、品质更好的机械工具、管理技术和优良品种所代替。以县（市、区）为基本单位，深入挖掘县（市、区）内能够保留、记载、研究和传承传统农耕文明的传统农耕工具、农耕技术和农作品种，深入挖掘这些传统工具、农耕技术和农作品种中所蕴含的生态伦理理念、创新奋斗精神，激励和鞭策积极投身现代农业事业的新农人崇拜和敬仰传统农耕文化，在创新现代农耕活动的过程中，更好地坚持生态文明理念，实现人与自然的和谐发展。

3. 研究阐发目标

几百部古代农业著作是古人以图文形式留给我们的农耕文化遗产。要以这些农耕文化遗产为依托，大力加强传统农耕文化的现代展示研究。采取更先进的科技手段，把传统农具的制作、传统农技的操作等博大精深的农耕非遗文化制成现代版的《农政全书》《齐民要术》《天工开物》等，让音像图文并茂，让人一睹即明。受时代的发展和社会的进步所限，许多传统农耕用具已经失去了活态展示的可能，有的农耕用具或者农耕技艺也仅仅是记录在文献中，利用当代的影像、声像、动画甚至 VR 等现代技术和装备，将那些历史久远但对现代农业发展、生态文明建设和社会伦理优化具有现实价值的，通过场景还原，对展品的使用方法、蕴含的生态伦理、社会哲理等进行全面的演示和说明，既让观众了解到当时劳动人民的生活状态和精神面貌，也可以弥补缺少实物展示的遗憾。

4. 教育普及目标

把优秀传统农耕文化思想的传承和教育列为中小学教育的必修课程。在中小学学校教育中，大力加强优秀传统农耕文化所蕴含的生态伦理、价值观念、合作精神的宣讲，既增强学生的中华民族历史文化的自信，也通过传统优秀农耕文化的历史对比，激发并帮助中小学生树立正确的生态伦理观念、人生价值观念，提高其对现代社会合作精神的重要性的认识，帮助其在日常学习生活中树立正确的自然观、人生观和价值观，从而促进社会主义核心价值观和现代生态文明理念在整个社会的弘扬和发展。

加强传统农耕生产活动强身健体功能的研究和开发，把优秀农耕生产活动寓于日常体育健身活动中。按照一县一套、一县一台的目标，研究开发农耕健身操、农作健身舞、农耕舞台艺术等，创新传统农耕活动传承方式，通过体育运动把前人的智慧和理念，渗透到城市居民的日常生活中，加强城市居民对农耕文化活动的了解和理解，在城市居民中普及优秀农耕文化活动所蕴含的强身健体、热爱自然、保护生态等生态伦理和价值观念，为城乡深度融合发展，提供良好的文化氛围。

5. 保护传承目标

把地方优秀特色传统农耕文化的保护和传承作为地方农业农村事业发展和乡村文化振兴的重要目标之一，在经费、人才等方面给予切实的支持和保障。按照一县一基地的目标，落实建设机构，明确建设标准，规范建设内容，保证建设经费，固定建设场所，强化农耕理念，创新农耕技术，保护农耕生态，发挥农耕价值。随着现代科学技术的进步和社会经济的发展，传统优秀农耕文化在物质上能够带来的收益已经远远满足不了现代人生产经营活动的需要，但其蕴含的丰富的生态伦理理念、生命价值观念、互助合作精神等诸多元素，在当代社会不仅具有十分重要的时代价值和社会意义，甚至还是解决当今社会建设与社会管理、人与社会发展、个人与社会关系等社会秩序、社会思想问题的重要方法和途径。

注重散落于民间的农耕文化的挖掘与整理，深入发掘当地农耕文化的内在潜力，同时也要与时俱进，加强创新，注重赋予传统农耕文化新的形式和新的内容。开展好重要农业文化遗产的保护利用。在漫长的农耕文化发展过程中，各地都有适应本地生产生活的特色传统器物。县乡两级应建立农耕文化博物馆，把与农业生产和农民生活有关的特色农具及生活器具集中存放、收藏、展示。积极推动建设村史馆、农耕文化类主题博物馆、农耕文化类生态博物馆，将农耕文化器物搜集整理集中，让子孙后代可以直观睹物，直观地显示传统农耕文化器物的科学价值、历史价值和艺术价值，直观地显现现代农业生产工具的进步。开展农耕文化传承活动。积极组织开展农民文学作品征集展示、"讲述村庄故事"和"发现农村阅读榜样"等活动，促进村庄历史传承和文化建设。建设优秀农耕文化网络传承阵地、网络宣传阵地和网络创新阵地。

6. 创新发展目标

从历史上看，我国优秀传统农耕文化一直在创新中引导中国经济社会的发展，进而推动人类社会的进步，创新发展是我国优秀传统农耕文化的核心特征之一。在技术创新成果日新月异，创新产品生命周期越来越短的新时代，公共性、普遍性、持久性的现代农耕文化形态越来越少，优秀传统农耕文化的凝聚功能、感召功能，在越来越注重个性、强调个人自由和自由发挥但又越来越离不开合作与共享的新时代，显得越来越重要。要以省为单位，按照年代建设不同的具有地方特色、真实再现地方传统农耕文化基因的农耕文化生态博物馆，通过组织开展各种传统农耕生产活动和祭祀、庆祝等活动，促进传统优秀农耕文化的思想精髓，转化成为凝聚当代各种类型、各种思想、各具特色的个性人的重要力量。

7. 传播交流目标

充分把握现代科学技术突飞猛进，现代科学技术与人民生活连接时滞越来越短、渗透程度越来越深入、影响范围越来越广泛的时代形势，利用互联网、物联网技术等现代信息技术，全面提高传统优秀农耕文化的传播力和感召力。加强与阿里巴巴集团高德软件有限公司以及其他导航地图类公司合作开展"全国农耕文化基地一张图""全国休闲农业基地一张图""全国农耕体验基地一张图""全国休闲渔业基地一张图"等工作，利用高德地图软件功能对全国各地农耕文化基地、休闲农业基地、农耕体验基地、休闲渔业基地进行数字地图免费上图标注，为公众出行提供精准导航定位服务。原则上所有的农业生产经营者均可自行上图标注，但具有营业执照的农业生产经营者能够更好地展示相关信息，便于公众搜索查询、选择确认。

8. 国际合作目标

创建中国传统优秀农耕文化示范基地。互助合作，是中国传统农耕文化的核心精神之一。在世界联系越来越紧密，构建人类命运共同体已成为广泛的国际共识，并成为人类走向美好未来的正确方向的大趋势下，加强优秀农耕文化传承创新的国际合作，是加强和促进我国优秀传统农耕文化建设的重要任务。中国延续不断的 5000 年文明史，其实质就是优秀农耕文化的传承史和创新史，其不仅推动着中国社会的持续不断前进，也必将成为推动人类社会持续发展进步的重要力量。历史上，我国传统优秀农耕文化在世界的传播，推动和促进了东亚、南亚等国家和地区的社会文明和经济发展，是这些地区经济社会发展的重要推动力量。同时我国祖先也创造性地吸收了欧洲美洲等国家和地区的农业文明成果，推动了我国优秀农耕文化的创新发展。在人类共建命运共同体的新时代，借助现代社会发展的优秀成果，加强优秀农耕文化传承创新的国际合作，既是保证我国传统优秀农耕文化持久生命力的必要举措，也是增强我国传统文化竞争力、影响力和感召力的战略任务。要通过输出科学农耕理念、先进农耕技术、优秀农作品种、农业技术人才，发挥我国传统优秀农耕文化的优势，切实帮助解决发展中国家在食物安全、生态环境、人民生活等方面面临的紧迫问题，扩大我国优秀农耕文化在国际舞台的影响力和感召力，提升我国优秀农耕文化在经济发达国家和地区的竞争力。

四、"十四五"我国优秀农耕文化建设路径

根据"十四五"我国优秀农耕文化建设的总体目标和具体目标，梳理出"十四五"期间我国优秀农耕文化建设的路径。

（一）培育优秀农耕文化主体

培育优秀农耕文化主体，既包括农耕文化挖掘、传承、创新主体的培育，也包括农耕文化建设组织管理主体的培育。鉴于农耕文化的国家性、地域性、家族性等特点，既要有全国统一权威的农耕文化建设组织管理机构和专业人员，也要有省、市（县）农耕文化建设组织管理机构和专业人员，同时还要发挥民间协会组织等的作用，统一思想认识，规范建设内容，明确建设重点，创新建设模式，让优秀农耕文化的思想精华，再一次焕发旺盛的生命力和活力。通过保护和传承好传统农耕文化中原生态的耕作生活方式，采取各种激励保护和引导措施，让当地人民群众切实参与到原生态耕作生活方式的维护和发展中来，既让他们生活在现代社会里，享受到现代文明的成果，又要让他们自觉投入到原生态的耕作生活方式中去，守护好传统符号，看护好美丽家园和全人类的共同文化生活记忆，让承载着中华农耕文明的耕作生活方式在现代社会生活中释放出璀璨而神奇的光芒。

（二）保护优秀农耕文化遗产

加强对现有中国重要农业文化遗产、全球重要农业文化遗产、重要灌溉工程遗产、重要古村落、重要农业非物质文化遗产等重要农耕文化遗产

的活态保护和开发利用，国家要对代表性强、影响力大、保护工作基础条件好的优秀农耕文化建设管理单位给予必要的资金支持和政策扶持。充分利用现代技术做好传统优秀农耕文化的数字化保护工作。加强对优秀农耕文化中重要农耕技艺、关键农耕技术和典型农作品种的科学研究、地域保护工作，采取切实措施稳定人员队伍，优化人员结构。建立优秀农耕文化建设管理的专业的组织管理机构和工作人员队伍，逐步提高农耕文化建设管理工作的专业化、规范化水平。

（三）挖掘优秀农耕文化资源

我国祖先在悠久的历史进程中，培育和创造了诸多历史价值、生态价值、文化价值、社会价值与经济价值兼具的丰富物产资源、珍贵传统农艺、优美大地景观等农耕文化遗产。传承和发扬这些珍贵的农耕文化遗产，在现代科学技术的支持下，深度挖掘其潜在的价值，既可以让遗产地民众和拥有遗产资源的民众生活幸福，也可以进一步促进经济发展、生态文明建设和社会和谐发展。"十四五"期间，要继续加强传统优秀农耕文化资源的发现和深度开发利用工作，在继续抓好中国重要农业文化遗产和全球重要农业文化遗产的保护、评定工作的前提下，加强重要农业生物资源的功能挖掘和开发利用工作。在现代科学技术的支持下，充分利用现代科学研究成果、现代制造技术和现代仪器设备，全面系统地研究重要特色生物资源的功能挖掘研究工作，更加全面充分地发挥我国特色农业生物资源的战略作用，为全面保障我国的生态安全、食物安全、国家安全等提供更加丰富可靠的战略资源保障。要坚持在保护中发展，在发展中保护，践行"绿水青山就是金山银山"的发展理念，积极并持续不断探索优秀农耕文化保值增值的有效路径，充分利用独特的生态与文化资源优势，积极发展多功能农业。

（四）阐发优秀农耕文化内涵

我国学者近年来开展了大量的农业文化遗产资源保护、农业文化遗产资源开发利用、农耕文化内涵特点和农耕文化传承创新的科学研究和实践工作，取得了十分明显的社会效益、生态效益和经济效益，推动了我国优秀传统农耕文化的传承保护和推广应用工作，在国际上产生了强烈的反响，增强了我国优秀传统农耕文化的国际影响力、感召力和竞争力，增强了我国传统农业文化的自信。但整体上，我国农耕文化的研究阐发工作还无法适应我国优秀传统农耕文化传承保护和创新发展的需要，在理论界和学术界尚未形成统一的共识，对众多优秀农耕文化遗产的科学性、技术性、实践性研究不够，对优秀农耕文化遗产的社会价值、生态价值、经济价值的认识尚不全面系统。加强优秀农耕文化的研究阐发，一方面要加强对农耕文化的内涵、特点的个性研究，另一方面，也要加强优秀农耕文化的共性、功能、价值的研究，特别是要加强优秀农耕文化的生态伦理理念、社会价值观念、人文精神内涵等的研究和阐发，为全国优秀农耕文化的传承保护、创新发展和综合开发提供决策依据。

（五）建设优秀农耕文化基地

以农耕文化博物馆、农耕文化展览馆、乡村记忆陈列馆、重要农业文化遗产、现代农业园区等为主要形态的农耕文化基地是收藏、研究、保护农耕文化资源、创新农耕文化形态、丰富农耕文化内涵、展示农耕文化成果、传播农耕文化思想的重要载体，也是面向社会开展农耕文化社会教育的重要阵地，对于促进乡村文化振兴、培育文明乡风、增强农民文化自信具有重要意义。随着乡村振兴战略的推进和城乡居民文化旅游需求的增长，农耕文化基地在发掘创新优秀传统乡土文化，推动农业、文化、旅游产业融合发展，促进城乡文化交流融合等方面将发挥更为重要的作用。建设农耕文化实景体验基地，展示地方传统的农耕农具和农村生活用品及工匠用具，传递浓厚的传统农耕文化气息，展示古老的农耕生活场景，展现悠久的农耕文化根脉。农耕文化实景体验基地既可以在人口聚集的地区以农耕文化博物馆、农耕文化展览馆、乡村记忆馆等形式，与县史馆（乡史馆、村史馆）等一体化建设，设置耕耘馆、日用馆、纺织馆、运输馆、作坊馆、粮食加工馆、工匠馆、饲养馆、民居馆、婚俗馆等分馆，营造春种、秋收、捕鱼、狩猎、榨油、打铁、纺织、婚嫁、灶屋、闺房、祠堂、村塾等多个场景，也可以与现代农业园区、现代农业基地等融合建设，成为现代农业园区、现代农业基地建设的内容之一。农耕文化实景体验基地要突出地域文化特色和地方民俗，传承保护历史文化，促进生态旅游产业的发展。

（六）普及优秀农耕文化知识

优秀农耕文化是农民适应自然地理条件而逐步探索出来的，蕴含着千百年来各历史阶段劳动人民的农耕智慧，这既是优秀农耕文化不断焕发生命力的原因所在，也是其时至今日依然值得借鉴、具有普及推广价值的重要原因。组织开展农耕文化建设现状及发展对生研究课题调研，摸清全国各地农耕文化博物馆、农耕文化展示馆、乡村记忆馆、农耕文化基地等场所人员年龄情况、观念状态、专业水平、文化素质、履职情况等。实施优秀农耕文化教育普及提升工程，组织农业、艺术等有关大专院校、科研单位专家学者编写优秀农耕文化教育普及提升工程辅导教材，既供学员在培训时使用，也供有关人员工作时学习参考。同时，邀请长期从事农耕文化研究和群众文化工作的专家、学者为参训人员授课。对全国各地的农耕文化底蕴深厚的图书馆馆长、文化馆馆长、乡镇文化站站长以及农耕文化馆建设、经营、管理人员开展培训。同时，全国各省市也根据各地农耕文化建设的目标，组织开展相应的干部培训和专业人才培训。

在涉农高等院校、职业院校以及职业高中开设农耕文化专业课程，在有关文艺类院校开设农耕文化辅修课程，充分利用在中小学校开展学农教育的有利时机，开展优秀传统农耕文化的生态伦理思想、人文精神和道德观念的教育，加大优秀农耕文化的教育普及工作力度，让优秀农耕文化教育深入到各级学校。

（七）创新优秀农耕文化形态

创新是优秀农耕文化永久生命力的保证，也是优秀农耕文化传承和发展的基础条件。农耕文化的创新是在坚持优秀传统农耕文化所遵循的思想观念、人文精神、道德规范的基础上，充分应用现代科学技术成果，在实现人类社会经济社会最大化发展的同时，实现自然生态的和谐发展。在保证人类持续发展所必需的农业生产持续健康发展的前提下，实现整个自然界的持续稳定和生态系统的完整和谐。农耕文化的创新内容十分丰富，创新范围十分广泛，主要包括产品创新、管理创新、模式创新、技术创新、品种创新、工艺创新、器具创新、材料创新、形态创新、功能创新、价值创新等。充分利用时代发展带来的科学新发现和技术创新成果，开展优秀农耕文化的创造性改变，实现农耕文化的创新性发展，在不断适应社会经济发展对农耕文化自身完善和进步的要求的同时，实现农耕文化的自我发展和自我进步。组织开展现代农耕业态创新创意竞赛、传统农事活动创新创意竞赛、传统农耕技艺创新创意竞赛、传统农耕器具创新创意竞赛、传统农耕模式优化创新竞赛、传统农耕系统优化设计竞赛等传统农耕文化创新赛事，发现和挖掘一批具有传统特色、适应现代需求、展现时代风采、引领未来发展的优秀农耕文化创新成果，扶持培养一批传承能力强、创新意识强、创新能力优的农耕文化创新队伍。

（八）扩大优秀农耕文化影响

中华民族形成的过程是中国广大地域内各种民族各种文化不断交流、相互促进最终共同发展的过程，诸多原始文化之间在某种程度上有相似或相同的文化特征，不同的氏族、部落在生产力方面取得了大致相同的成果并在生活习惯、丧葬习俗等方面有许多共同之处，这些都为华夏文化的确立乃至中华民族的形成奠定了坚实的基础。新时代要充分运用信息革命成果，全方位扩大优秀农耕文化的国内国际影响。积极探索优秀农耕文化传播与交流的新模式，综合运用大众传播、群体传播、人际传播等方式，构建全方位、多层次、宽领域的优秀农耕文化传播格局。搜集各个层面的数据化信息建立优秀农耕文化信息数据库，建立优秀农耕文化的交流讨论平台，深入挖掘优秀农耕文化的内涵以及所蕴含的实践价值。借鉴媒体传播相关理论，通过电视、网络、手机、报纸、杂志等媒体的专业化设置和传播，激发人们的参与和互动，提高人们对优秀农耕文化的持久关注和忠诚度，不断扩大优秀农耕文化的传播影响力。利用遍布全球 160 多个国家（地区）的孔子学院、1 100 多家孔子课堂和 2 万余所华文学校以及海外中国文化中心等，加大优秀农耕文化的国际传播和交流。

五、"十四五"我国优秀农耕文化建设的保障措施

根据"十四五"我国优秀农耕文化建设的指导思想、基本原则、总体目标和具体目标,从组织、政策、资金、人才、主体、等方面,建立"十四五"我国优秀农耕文化建设的政策保障体系。

(一)明确农耕文化建设的组织管理机构

专业的具备统筹协调能力和决策能力的组织机构,是优秀农耕文化建设成功的关键。优秀农耕文化建设的系统性综合性特点,涉及农业生产、居民生活、村镇规划、土地利用、文化建设、学校教育等各个方面,既需要农林牧副渔等各大系统内部的结构优化,也需要各个系统之间的"接口"强化,既需要各个专业和行业部门专项职能的充分发挥,更强调不同层次、不同专业和不同产业部门之间的全面协作,只有建立一个协调的综合管理体系,优秀农耕文化系统才能形成生态经济优化、社会功能合理、文化功能协调、教育功能完善的具有多功能相互促进的综合性系统性农耕文化系统。

(二)加大优秀农耕文化项目的政策扶持

优秀农耕文化的传承,是一个庞大的系统工程,一个完整的农耕文化系统,不仅涉及不同历史时期各具特色的生态子系统和生产子系统,也包括各个历史时期的人们生活子系统,包括居住子系统、习俗子系统、饮食子系统、娱乐子系统等。优秀农耕文化的系统传承、活态保护、创新利用,需要涉及农耕文化系统所在区域的区域生态环境、农业生产环境、居民生活环境以及原居民、房屋建筑、农耕器具、水利工程、猪牛羊鸡鸭鹅以及野生动物等诸多要素。要利用当代的各种新技术手段和新材料等,完整而且有效地表达优秀农耕文化的核心思想和物质形态,甚至要合理展示优秀农耕文化在其他领域、其他地域的嫁接应用,需要在人力安排、土地利用、畜力使用、村庄规划、基础建设、景观打造等方面,有完整的系统的政策支持。

（三）加强优秀农耕文化创新主体的培育

优秀农耕文化的传承和创新，需要优秀的农耕文化传承和创新主体。历史上我国优秀农耕文化的传承和创新以村落和家庭为主，经过历代人的不懈努力得以持续传承和创新。随着我国农业生产方式和经营方式的现代化转变，农业企业、农民专业合作社、家庭农场成为农业生产经营的主体，其组织形式、内部成员关系，既适合现代社会农业生产发展的需要，也适合优秀农耕文化传承创新的需要，其作为农耕文化传承创新的主体，既是优秀农耕文化传承创新持续发展的需要，也是优秀农耕文化创造性转化、创新性发展的必然结果。新型农业经营主体作为现代农业发展的主流力量，其具有传承和创新优秀农耕文化的物质条件、经济条件、人力条件、技术条件、管理条件、组织条件和市场条件等必需的条件，事实上，我国当代优秀农耕文化的创新成果，大多出自现代新型农业经营主体。按照择优、扶优、创优的原则，加强优秀农耕文化创新主体的培育，按照一村一主体，一乡（镇、街道）一队伍的原则，每个村择优确定一家农耕文化创新主体，每个乡（镇、街道）确立一支农耕文化创新队伍，既保持乡村优秀农耕文化的典型特色，又促进乡村优秀农耕文化的与时俱进，融合时代发展的最新成果，适应时代发展的需要。

（四）加强优秀农耕文化项目的资金扶助

优秀农耕文化的创新，是在传统技术和现代物资装备以及现代新品种和新技术支撑下的集成创新，融合了传统农耕文化的精华和现代技术的优秀成果。虽然多数优秀农耕文化的创新都不是原始创新，但其建立在创意的基础上的集成创新，一方面由于需要经历一定的创新优化过程，需要创新主体较大的物质成本投入，另一方面也需要创新主体根据当时拥有的各种条件，进行科学的设计和实施，需要一定的人工和智力投入。由于农耕文化创新项目的特殊性，其知识产权保护不同于工业产品或者农业新品种，具有较强的外部经济性。为了保障农耕文化创新主体的持续创新活力，需要公共资源给予其必要的扶助和支持，特别是各级政府财政资金的扶助和支持。县级财政应该把农耕文化创新项目资金扶持列入年度资金预算，有组织、有计划地开展农耕文化创新项目的扶持，组织优秀农耕文化创新成果的评选和采购。

（五）加强优秀农耕文化项目的宣传推广

优秀农耕文化资源产生于民间、壮大于民间，相关文化主管机构应当依托各种现代技术方式和传媒手段，加强农耕文化同基层民众、城市居民的联系，由此将确保农耕文化资源得到更为理想的开发利用，农耕文化得到更为理想的传承创新。各地政府亦应当打造农耕文化产业园，以此来扩大农耕文化在当地民众间的影响。通过设计农耕文化旅游交通线路，实现农耕文化资源有效推广，政府可以打造以展示农耕文化为主题的旅游专线，以此来提升农耕文化资源在游客中的影响力。要利用新媒体技术作为实现前述工作内容的方式，确保农耕文化获得全新的发展路径。

优秀农耕文化项目所属的乡镇、街道、社区以及一般民众，要充分参与到对农耕文化的宣传推广工作之中，推动优秀农耕文化传承创新工作的深入进行。要善于依托各种民间集会活动，诸如赶集、博览会、展销会、交易会等，使农耕文化资源、项目能够真正地深入到基层民众的日常生活之中，为农耕文化资源的传承创设丰厚的土壤。同时，借助这样的方式，也能够让农耕文化资源的传承更为久远。

要善于倚重和利用现代数字化技术，实现对农耕文化资源的有效记载，并让优秀农耕文化资源获得更为稳妥的保护和存储载体方式。要充分发挥本地的媒体资源优势，借助电视媒体、报纸媒体以及数字化媒体，实现对优秀农耕文化资源的宣传、推广。加大资金投入，组织人力物力，研究和开发包括视频收集处理、文档加工、数字化图书馆等技术手段，根据不同性质的农耕文化资源和项目类别，开展科学详细的数字化整理和归档工作。加强信息的再加工和再创造，最大限度地保持信息的原始性和准确性。通过对优秀农耕文化资源保护数字化平台的建设，让农耕文化找到一个真正属于自己的家，构建由多种形式和载体组成的"活的记忆"。在打造数字化平台的过程之中，要邀请专业的研究人员和技术人员参与其中，同时还应当通过调研活动实现对社会公众接受程度的掌握，将平台更快、更好地推广给广大民众。此外，数字化平台亦应当通过自身所具备的互动功能，使社会公众能够及时将所了解的农耕文化资源数据上传到平台之上，以便使相关主管机构能够在第一时间做到对农耕文化资源的了解，从而为后续的开发和保护工作奠定基础。

参 考 文 献

［1］王增福．习近平传统文化观内涵丰厚［N］．中国社会科学报，2016－03－17（001）.

［2］唐珂．关于农业与文化的关系［J］．古今农业，2011（1）：1－9.

［3］李泽泉．坚持以社会主义核心价值观引领文化建设［J］．红旗文稿，2021（2）：34－36.

［4］王晓晖．坚持以社会主义核心价值观引领文化建设制度［N］．人民日报，2019－12－06（009）.

［5］靳桂云．我国原始文化的传播与交流［J］．东岳论丛，1994（3）.

［6］吕竑海．浅谈非物质文化遗产的宣传与推广［J］．大众文艺，2018（14）：10.

［7］刘其凌．基于学术交流的中华文化对外传播路径探析［J］．中国经贸导刊（中），2020（10）：172－173.

［8］陈彪．乡土情结与振兴乡村：中国乡村人类学研究进路与展望［J］．广西民族研究，2020（6）：94－102.

［9］金绍荣，张应良．优秀农耕文化嵌入乡村社会治理：图景、困境与路径［J］．探索，2018（4）：150－156.

［10］孙静茹．用优秀传统文化促进乡村有效治理路径探析［J］．农村工作通讯，2020（3）：56－57.

［11］浙江省委省政府．全面实施乡村振兴战略高水平推进农业农村现代化行动计划（2018—2022）［N］．浙江日报，2018－09－14（001）.

［12］曹东勃，宋锐．农耕文化：乡村振兴的伦理本源［J］．西北农林科技大学学报（社会科学版）．2020（3）．3－14.

［13］曹东勃．优秀传统农耕文化助力乡村振兴［N］．解放日报．2018－09－25.

［14］龙文军．用文化振兴保证乡村繁荣中不失本色［J］．农村工作通讯，2018（15）：1.

［15］张莹，龙文军．论农耕文化的传承［J］．古今农业，2017（4）.

互联网＋农村社会事业思路与对策研究[*]

党中央和国务院高度重视农村社会事业发展，习近平总书记明确指出，要建立健全城乡基本公共服务均等化的体制机制，推动公共服务向农村延伸、社会事业向农村覆盖。改革开放以来，我国农村社会事业发生了翻天覆地的变化，广大农民得到了实实在在的实惠。但从总体上看，现阶段农村社会事业短板依然明显，城乡均衡发展水平还比较低，距离广大农民群众期盼仍有很大差距。近年来，随着信息技术的高速发展，互联网成为创新驱动发展的先导力量。加快推动"互联网＋"在农村社会事业中的应用，既可以更好地惠及人民群众，也能有效培育新业态、激发新动能，解决农村社会事业发展信息闭塞、服务滞后、成本较高、监管不畅等问题，实现优质社会服务资源下沉，推动社会事业发展的均等化。目前，推进"互联网＋农村社会事业"已成为政府深化改革、适应新形势的重要举措，对促进乡村振兴战略的实施、探索数字乡村发展新模式具有重要意义。

一、农村社会事业的发展现状及"互联网＋"融合的意义

（一）农村社会事业的发展现状

"十三五"期间，我国农村社会事业的发展取得显著成效，农村社会和谐稳定，农民的获得感、幸福感不断加强。农村人居环境整治三年行动目标任务基本完成，95％的村庄开展了清洁行动，农村生活垃圾收运处置

＊ 课题主持人：李建平，中国农业科学院农业资源与农业区划研究所研究员。

体系已覆盖全 90％以上的行政村，卫生厕所普及率超过 65％，农村生活污水治理水平也有新的提高。农村基础设施条件不断改善，农村饮水安全巩固提升工程全面实施，贫困人口饮水安全问题全面解决，具备条件的建制村实现 100％通硬化路，全国行政村通光纤和 4G 的比例超过 98％。农村教育事业取得重大进展，比较完善的农村教育体系基本形成，乡村教师资源配置得到改善，城乡教育水平差距缩小。医疗、文化、养老等公共服务水平不断提升，乡村面貌焕发新气象。

但还应该看到，我国农民在教育、医疗、社会保障等方面还面临不少难题，表现为区域间发展的不平衡，农村教育发展差距有待缩减，医疗卫生质量有待提升，社会保障体系有待健全，农村公共服务基础设施相对落后、农村人居环境尚处在起步阶段等问题，今后更好地保障和改善民生仍需努力。

（二）"互联网＋农村社会事业"融合发展的意义

党的十八大以来，我国互联网事业取得了跨越式的发展，推动互联网的健康发展是贯彻"五位一体"总体布局、践行五大发展理念的重要抓手。2015 年发布的《国务院关于积极推进"互联网＋"行动的指导意见》对"互联网＋"进行了定义："互联网＋"是把互联网的创新成果与经济社会各领域深度融合，推动技术进步、效率提升和组织变革，提升实体经济创新力和生产力，形成更广泛的以互联网为基础设施和创新要素的经济社会发展新形态。"互联网＋"具有打破时间、空间的特点，是历史发展的必然选择，在农村社会事业中引入互联网技术是提高我国社会事业发展水平的重要手段，也是社会经济发展的必然要求。

一是农村现代化的助推器。随着工业化、城镇化的快速推进，我国农业农村发展中的一些不平衡不充分的问题逐渐暴露出来，"互联网＋"的应用将为其提供助益。互联网已成为国民经济体系的重要组成部分，其附加值高、渗透性强的特点，有助于将信息技术与最丰富的行业发展经验辐射到农村；有助于农村传统产业的转型升级，通过打破信息不对称、减少中间环节，促进各类要素的流动、市场的深度融合和资源的优化配置，从而提高效率和生产率；有助于发挥信息的普惠作用，在更广泛的领域中推动农户采用信息技术，重塑乡村原本的社会结构、文化结构、经济结构，打破固有的边界，实现更广泛意义的连接、交互、整合，是推动农业农村现代化的重要支撑。

二是促进城乡融合的新引擎。建立健全城乡融合发展体制机制和政策体系，是党的十九大作出的重大战略部署。我国农村社会事业的发展虽已取得系列成就，但仍存在城乡发展不均衡、资源配置不合理、公共服务不均衡的问题，农村社会事业的发展与农民日益增长的美好生活需要还不相适应。短板也是潜力，补短板、缩小差距的过程就是释放潜力、激发活力的过程，引入互联网技术，可以加快补齐短板、促创新。在城乡加速融合的背景下，找准互联网的发力点，让乡村资源价值在城乡互补融合中充分利用，有利于实现城乡双赢。如受限于高成本门槛、发展难度大的欠发达地区、农村地区和边疆地区，互联网技术的引入可以为其发展带来新手段，有效填补城乡信息化鸿沟，促进城市资源要素、公共与社会优质资源进入，将产业链、基础设施等向欠发达地区延伸，推进公共服务的均等化，实现可持续发展。

三是造福百姓生活的新渠道。通过"互联网＋农村社会事业"推进信息惠民，加强保障和改善民生，乡村社会发展不再受制于信息闭塞的影响。"互联网＋农村人居环境"提高治理效率，激发群众参与环境整治的动力；"互联网＋教育"共享优质教育资源，让偏远地区的孩子也能走进名校；"互联网＋医疗"改善偏远地区的医疗条件，优化患者就诊路径，促进医疗资源的优化配置，助力国家的"健康扶贫"与"健康中国行动"；"互联网＋乡村文化"激发农民参与乡村文化建设的积极性，有利于挖掘和弘扬当地特色的乡土文化，释放乡村文化的魅力和吸引力。

在新冠肺炎疫情期间，"互联网＋"的价值和地位进一步凸显，尤其是为"互联网＋农村教育""互联网＋农村医疗"带来了经验性和预警性的教育和启示。在疫情倒逼之下，"互联网＋"为维持社会经济正常运转、保障人民生产、生活等方面做出了突出的贡献，互联网的应用价值和发展潜力受到大众的关注，并得到各界的认可。未来几年，随着中国经济结构的逐步转型，国家对战略性新兴产业的扶持，新基建的蓬勃发展，"互联网＋农村社会事业"将迎来发展的黄金期。

二、"互联网＋农村社会事业"的发展成效

随着数字时代的来临，互联网全面下沉已成为时代趋势，"互联网＋"逐渐应用于各领域，在农村社会事业中也不例外。"互联网＋"与"农村社会事业"的融合程度不断加深，乘数效应显著。主要体现在以下几个方面：

（一）发展环境不断优化

在政策环境方面，近年来大量支持性政策的出台、落地，为其发展创造了良好的支撑环境。2019 年 2 月，中共中央、国务院在发布的《中共中央、国务院关于坚持农业农村优先发展做好"三农"工作的若干意见》中提到，"加快推进宽带网络向村庄延伸；实施数字乡村战略，深入推进'互联网＋农业'，加强国家数字农业农村系统建设；全面推进信息进村入户，依托'互联网＋'推动公共服务向农村延伸。"2019 年 5 月，中共中央办公厅、国务院办公厅印发了《数字乡村发展战略纲要》，强调数字乡村是乡村振兴的战略方向，也是建设"数字中国"的重要内容。2019 年 12 月，国家发展改革委员会、教育部、民政部、商务部等 7 部委联合发布《关于促进"互联网＋社会服务"发展的意见》，旨在推动"互联网＋社会服务"发展，促进社会服务数字化、网络化、智能化、多元化、协同化，以提升资源配置效率，增进人民福祉。2019 年 12 月，农业农村部、中央网络安全和信息化委员会办公室印发《数字农业农村发展规划（2019—2025 年）》，规划指出："加快推进农业农村生产经营精准化、管理服务智能化、乡村治理数字化"。2020 年 5 月，农业农村部印发《2020 年农业农村部网络安全和信息化工作要点》，提出"持续推动乡村治理信息化，建立健全农村社会事业监测体系，在农村人居环境等领域开展调度与监测"。

在网络环境方面，我国信息基础设施建设取得显著成效，农村网民规模快速增长。根据 CNNIC（中国互联网络信息中心）发布的《第 46 次中国互联网络发展状况统计报告》显示，截至 2020 年 6 月底，我国农村地

区互联网普及率为 52.3％，较 2018 年底提升 13.9％，城乡之间的互联网普及率差距缩小 6.3 个百分点。2018 年，我国东中西部地区县域互联网普及率分别为 67.1％、62.9％、63.6％，区域间的差距在缩小，甚至西部地区略微超过东部地区。截至 2020 年 3 月底，农村宽带用户总数达 1.35 亿户，较 2018 年底增长 14.8％，增速较城市宽带用户高 6.3 个百分点。截至 2019 年 10 月，我国行政村通光纤和通 4G 比例均超过 98％，贫困村通宽带的比例达到 99％，基本实现了农村城市同网同速，"村村通"和"电信普遍服务试点"两大工程继续深入实施。近十年来，我国农村网民规模快速增长，较 2013 年底增加 1.08 亿人，增幅为 61％（图 1）。

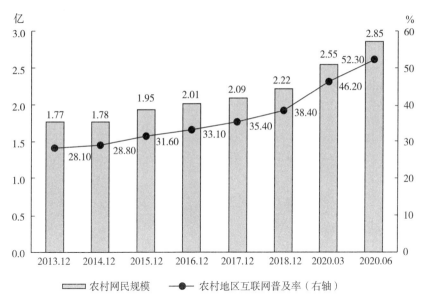

图 1　我国农村地区网民规模及互联网普及率（2013.12—2020.3）
数据来源：CNNIC（中国互联网络信息中心）。

（二）应用规模不断壮大

随着农村地区通讯、物流、金融及信息服务平台等基础设施的不断完善，互联网的应用逐渐从单一领域转向多元化，医疗、教育、养老、文化、体育、农村政务、农村人居环境整治等方面的应用不断涌现，其应用规模及领域不断扩大。

互联网医疗进入加速发展期，服务供给能力持续提升。"互联网＋医疗"鼓励支持乡镇和村级医疗机构提高信息化水平，鼓励医疗机构利用互联网技术扩展服务空间和服务内容，远程会诊、网上咨询问诊、居家医学指导、心理疏导、慢病复诊以及药品配送等服务逐步开展。国家卫生健康委发布的《2019年我国卫生健康事业发展统计公报》显示，截至2019年底，二级及以上公立医院中，已有46.1%开展了预约诊疗，较2017年底增长4.1%，59.1%开展远程医疗服务，较2017年底增长15.8%；截至2020年6月底，我国各省共有卫健委批准设置的互联网医院近600家。目前，远程医疗已经覆盖到全部贫困村，"互联网＋"医疗保障结算服务稳步推进（图2）。

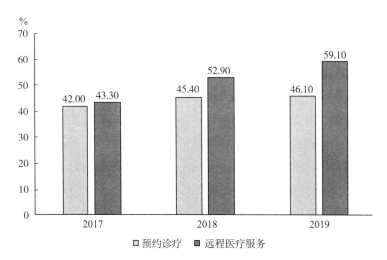

图2 2017—2019年我国预约诊疗和远程医疗服务情况
数据来源：国家卫生健康委。

在"互联网＋教育"领域，数字化革命正在助推教育产业进入全新的数字化新形态，引发教育的深刻变革。CNNIC发布的《中国互联网络发展状况统计报告》显示，截至2020年3月，我国在线教育用户规模达4.23亿，较2018年底增长2.22亿，占网民整体的46.8%。2019年，全国98.4%的中小学（含教学点）实现网络接入，90.1%的中小学已拥有多媒体教室。疫情期间，在"停课不停学"政策的引导和推动下，大众对在线教育的认同感和使用率迅速提升，教育信息化水平进一步提升。

在农村人居环境领域已有部分地区开展了积极的探索。依托物联网、互联网、大数据、云计算等，以智能监测、远程诊断、高效运维、在线控制、节能减排为切入点，实现站点远程可视化管控、经济生产与安全管控、设备资产运维养护、预案管理与在线诊断。如山东省无棣县通过手机二维码报抽报修、抽粪车安装 GPS 和重量传感器、中转站安装液位探测仪和信息报警装置，基本实现农村厕所后续管护服务智能化。

数字文化资源进入乡村，乡村文化繁荣发展。我国各地积极开展覆盖县乡村的公共数字文化服务体系建设，《中国数字乡村发展报告 2019》显示，截至 2018 年底，全国共建成 2 843 个数字文化服务县级支中心，32 179 个乡镇基层服务点，32 719 个乡镇公共电子阅览室；截至 2019 年 6 月，全国农业科教云平台注册用户数已达 425 万，上线高素质农民培育课程 4 600 多门；微信、短视频、直播等应用降低了互联网使用门槛，不断丰富群众的文化娱乐生活；"雪亮工程""阳光村务工程"进一步提升了乡村的治理能力。

（三）行业质效不断改善

互联网技术和农村社会事业的融合在一定程度上提升了农村社会事业的经营治理水平，并为老百姓的生活提供了诸多便利。

一是在管理上数字化，由信息资源分散向信息资源协作共享方向发展。相关部门正积极推进农业农村数据平台的建设，近日，国家大数据灾备中心推动"人民星云农业农村大数据中心全国百城普惠项目"，围绕"产业兴旺、生态宜居、乡风文明、治理有效、生活富裕"开展数字乡村建设。各地也开展诸多有益的实践，如通过消费、财政、医疗等数据信息，精准定位服务人群，建立社会救助信息共享平台，助力脱贫攻坚；部分医院开发设立医疗通信平台，促进医疗信息与数据的充分流动，提高患者就诊率和治愈率。利用数据驱动农村资源的共享，打破部门、地方、行业间的数据壁垒，从源头上切断"信息鸿沟"。

二是在服务上精准化，由单一化向精细化及资源的整合化发展。互联网催生出的新业态能更好地满足农民群众不同层次的需求，可以通过网上预约等方式，科学合理安排服务资源，实现精准服务、资源的有效配置。比如，利用"互联网＋"实现农村文化服务的精准供给，改变此前一定程度上的供给内容单一、供给缺乏弹性的问题；"互联网＋养老"，利用物联网为老人量身定制健康管理系统，收集更新老人的健康指标和各项需要，使养老服务更加精准化、个性化。

三是在监管上高效化，朝着监管效能最大化的方向迈进。如江苏省昆山市在农村污水处理项目中，建立起农村生活污水治理设施管理信息平台，通过"互联网＋智能遥感"、云计算等信息技术、数字化服务网络和监控平台，构建"三层架构"的农村污水监控展示体系，实现全市农村污水站点信息实时上传和水质在线监测。福建省上线农村人居环境整治"互联网＋监督"投诉举报平台，在全市范围内征集农村生活垃圾污水处理、村容村貌提升、"厕所革命"等方面的问题线索和意见建议，根据典型、频发、集中性问题开展整治，切实提高人民群众的满意度。

三、"互联网＋农村社会事业"存在的问题

从各地的实践来看，"互联网＋农村社会事业"作为新生事物，尚处在探索阶段，其在实践中还面临着诸多问题。

（一）多为指导性政策，配套政策不到位

农村社会事业既包括农村教育、医疗、卫生、养老、文化体育、社会保障等公共服务，也包括人居环境、交通、通信、供水、供电等公用事业，是一个囊括多领域，包含政府行为、商业行为、市场主体等内容的系统性工程，目前提及到"互联网＋农村社会事业"的政策多见于农业农村经济发展领域的相关文件中，以任务导向型政策为主，系统性、约束性、操作性不够，涉及"互联网＋农村社会事业"业务领域的法律依旧空白。

没有配套政策的支撑，指导性政策难以落到实处。一是政策不够具体，在围绕运行模式、监管管理、激励机制、权责关系等方面没有清晰明确的政策和完善的行业标准。如互联网医疗服务如何真正纳入医保，需要出台细则给予明确。二是相关的扶持性政策欠缺，融资、风险、土

地、人才、税收等问题制约了企业投资的积极性，进而影响现有政策的落地。三是政策之间缺乏统筹，缺乏有效的中央政策与地方政策的协同、地方间的互动、部门间的协同，致使政策的联动性、衔接性不够及政策制定过程中的重复与浪费。四是对推动信息共享和业务协同的相关法律规章缺位，目前共享信息的采集权、开发权、所有权和经营权等的归属问题尚未明确。

（二）认识尚不统一，应用推广比较困难

互联网技术在农村社会事业的应用整体仍处于起步阶段，互联网本身创造的价值还没有足够显现出来，部分传统企业和群众尚未认识到新一代信息技术将对农村生产生活带来变革性影响。体现在社会对"互联网＋"的认识不够统一；广大农村群众对于进一步掌握互联网知识，热情程度不一，对新鲜事物的接受程度也不一；基层干部在短期内难以适应互联网带来的新的工作方式。

对于企业来说，与传统的行业相比，"互联网＋"的应用场景更为复杂，对信息的标准化和人才的要求更高，在推广过程中可能会面临成效缓慢、基础薄弱、场景复杂、跨地区跨部门业务协同难等诸多挑战，加大了企业进入的壁垒，增大了在实际操作中的推广难度。一些传统企业受经营方式、经营理念、思维惯性的影响，对"互联网＋"仍有怀疑和抵触心态，主观上还不能积极主动地拥抱互联网。同时，互联网企业对农村社会事业的认识、了解不深，行业发展阻力大，盈利能力和空间也有待提升，导致市场主体进入的信心不足。

（三）多元主体协同困难，要素价值挖掘不够

"互联网＋农村社会事业"的创新性融合需要多元化协同治理，不仅需要技术上的创新，更需要管理、观念和制度上的创新，其对治理手段、治理模式提出了更高的要求。但是，目前政策供给对"互联网＋"农村社会事业尚未形成统筹性、统领性的构想和设计，政府系统内部的合作机制尚未健全，很多机制都是"软性"协调，行政效率不高，部门间的结构差异、利益冲突、有效交流机制的缺乏，影响了互联互通机制的构建。

此外，服务资源的衔接性、整合性不高，受多级财政、垂直业务管理等影响，数据开放共享程度仍需提高，平台之间的数据共享尚未打通，各平台自成体系的现象比较严重。现有信息资源主要用于数据分析、因素分析、趋势判断等，其增值价值挖掘、利用不充分不完全。

（四）区域发展不平衡，融合程度不一

从全国的数字乡村发展情况来看，由于我国农业农村信息化起步较晚，各地区资源禀赋、认知水平、人口结构、消费能力迥异，地区间的发展存在区域间的不平衡。从《全国县域数字农业农村发展水平评价报告》中测算可得，我国县域数字农业农村发展总体水平为33%，其中东部地区为36%，中部地区为33%，西部地区为30%（农业农村部，2019）；《县域数字乡村指数（2018）研究报告》通过测算我国 1 880 个县级行政单位的数字乡村指数指出：我国县域数字乡村发展水平呈现出明显的"东部较高、中部次之、西部和东北较低"的分布格局（北京大学新农村发展研究院，2020）。在"互联网＋教育"领域，《"停课不停学"的中国经验和大规模在线教育的六点启示》研究得出："在地域上看，东部的各方面情况要显著优越，中部次之，西部落在最后；在部分指标上，存在"中部凸显"现象，即中部地区数据显著高于东部和西部地区"（中国教育科学研究院，2020）。

从融合程度来看，《中国产业互联网发展指数 2019—2020》研究显示：文娱行业、教育行业、医疗（健康）行业的产业互联网发展指数得分依次为 19.5、16.1、15.6（清华大学互联网产业研究院及艾瑞研究院，2020）。从相关案例看，学校、医院、文化场所、体育场馆等的信息基础设施不断完善，在线诊疗、生态环境智能监测、在线教育等新业态新产品层出不穷，"互联网＋"与农村社会事业的融合发展趋势不断增强。但是，与其他领域相比，"互联网＋农村社会事业"的相关工作稍显滞后，体现在融合层次不够高、范围不够广、程度不够深。其中，"互联网＋农村教育""互联网＋农村医疗""互联网＋文化"正在加速发展，"互联网＋农村人居环境""互联网＋养老""互联网＋家政""互联网＋体育"等领域还有很大的融合空间，仍需进一步提高。

（五）农村信息化相对薄弱，农民网络应用能力有限

我国网络基础设施还不健全，农村基础设施供给总量不小，但不平衡不充分的矛盾较为突出，一些偏远地区仍存在突出短板。在一些山区、人口分散区、经济欠发达地区，仍存在着网络覆盖面小、网络带宽狭窄、接入速率较低、网络运行质量差、网络成本费高的问题。另外，网络应用的城乡差距也较为明显，有相当部分的农民对网络比较陌生甚至未接触过互联网，CNNIC 报告显示，我国非网民规模为 4.96 亿人，农村地区非网民占比为 59.8％，"不会上网"和"不愿上网"仍是农村居民上网的主要障碍因素。截至 2020 年 3 月，我国农村地区互联网普及率为 46.2％，而城镇地区互联网普及率为 76.5％，我国农村地区的网络普及率仍有待提高。

农民的信息素养有待提高，囿于信息技能与素养较低，农民在网络方面的应用能力有限。尤其是在当前缺乏青壮年劳动力的农村，留守人员多为文化程度较低的老人和幼童，这部分人群对互联网技术的使用知之甚少，对数字资源的接受程度也不高。

四、"互联网＋农村社会事业"发展面临的形势

2020 年是我国全面建成小康社会和"十三五"规划的收官之年，是"十四五规划"纲要编制之年，国家处于大变革、大转型的关键时期，全面深化改革的新要求、社会发展的新形势给"互联网＋农村社会事业"的发展带来了机遇和挑战。

（一）"四化同步"深入推进为"互联网＋农村社会事业"搭建新格局

党的十八大报告提出"推进新型工业化、信息化、城镇化、农业现代化同步发展"的战略部署。当前，我国已进入新型工业化、信息化、城镇化、农业现代化的关键时期，坚持工业反哺农业、城市支持农村，充分发挥工业化、城镇化、信息化对农业现代化、农民增收、农村基础设施和公共服务的辐射带动作用。发挥信息化的核心引领作用，以 5G 为代表的新

一代信息网络技术正在成为经济发展的主要推动力，信息化将成为科技变革和产业升级的关键支撑。深入推进"互联网＋"，是增强"四化"发展的驱动力的重要举措，也是促进一二三产业融合、建立现代化体系的有效途径。

（二）经济新常态对"互联网＋农村社会事业"提质增效提出了新要求

一是社会结构的新变化。新时期，农村的人口结构和村庄结构都发生了变化，农村人口减少，人口流动加速，人口老龄化、空巢化趋势严重，对互联网在农村社会事业中的应用提出了新的需求和挑战。二是居民消费需求结构升级。随着我国居民收入水平和消费结构的变化，多元化、个性化、高档次的新兴消费需求正在加快积累和形成，农民需求从一般性的基本生活保障向健康营养等更高的层次过渡，对农村社会事业的发展也提出了更高的要求。

（三）信息技术及新基建的发展为"互联网＋农村社会事业"带来了新机遇

新时期下，中国经济从要素驱动、投资驱动转为创新驱动，国家对信息技术研发的投入力度持续加大，对科技型创新人才的培育日益重视，积极布局新基建、数据要素培育，5G、物联网、人工智能、工业互联网等新型基础设施蓬勃发展。信息技术和信息基建的快速发展，为"互联网＋农村社会事业"的高质量发展带来了新机遇，并将进一步提升"互联网＋农村社会事业"应用的深度和广度。同时，农民群体"触网"规模进一步扩张，农村社会事业"网络世界"和"现实世界"的互动更加频繁，随着网络触角的延伸，"互联网＋"将成为社会事业发展的重要手段。

（四）新冠疫情之下"互联网＋"成为发展新亮点

新冠肺炎疫情期间，互联网在抗疫情、保民生、撑经济中发挥了重要作用，在人们生活生产中的重要作用也愈发凸显。疫情期间，互联网医疗线上线下联动，通过线上咨询问诊、远程诊疗、居民自我筛查来进行疫情防控，充分发挥了互联网安全、便捷的优势。腾讯"为村"、中国电信"村村享"平台等现代化信息平台，利用可视化、交互化的方式进行防疫知识的宣传，提高了疫情防控的效果。大众媒体和网络新媒体的引导，化解民众的焦虑、恐惧心理，引导公众正确理性看待疫情。农民娱乐的方式也由聚集打牌、打麻将向"云娱乐"转变，在线文娱爆发式增长，更多的村民接触到微信、抖音、快手等 APP，在线阅读、网络直播、短视频等娱乐方式逐步进入更多农民的视野，极大地丰富了人民的文化生活。在家上网课的新形式得到广泛的普及应用，许多尚未触网的潜在用户开始尝试在线教育，农村孩子也可以享受到优质的教育资源，促进了教育的均等化，但由于农村地区的网络条件、网络设备相对不完善，其在线教育仍存在很大挑战。

疫情期间给许多行业带来了冲击，但也在一定程度上激发了互联网的应用潜力。一是疫情刺激大量新的网民涌入，倒逼一些对新生事物接受能力较差或尚未"触网"的群体，开始接触并使用互联网，尤其是在网络应用人数及程度相对较差的农村地区。农民"触网"规模的增加为后疫情时代"互联网＋农村社会事业"的发展奠定了良好的基础。二是疫情期间的"宅生活"，催生出了更多的消费习惯。互联网医疗、在线教育、在线阅读、在线政务服务等开始渗透到人们的生活，随着人们对互联网应用认知的加深，其应用空间和市场规模还将持续扩大，"互联网＋农村社会事业"的前景看好。

五、"互联网＋农村社会事业"的政策建议

面对新形势，应从多方面着力，弥补当前的短板和不足，促进互联网在农村社会事业领域的应用走实走深，带动农村社会事业转型升级。

（一）完善配套政策，优化服务体系

优化"互联网＋农村社会事业"政策体系，鼓励支持和管制规范落实到位。第一，围绕着"互联网＋农村社会事业"的实际情况，按照需求导向、问题导向、目标导向，加快构建以数据驱动、知识更新、技术创新为

一体的配套政策体系，针对融资、技术、土地、税收、人才等设置具体条款，研究出台行业准入、数据开发等政策措施；第二，建立财政资金长效投入机制，地方政府要重视对"互联网＋农村社会事业"的财政投入，设立专项的扶持基金、技术研发补贴，充分发挥财政资金的引导作用，带动金融和社会资本的多元投资；第三，建立行业性统筹机构和公共服务平台，增强政策的整体性、协调性、可用性；第四，加强督导评估，建立科学的评估体系，压实地方各级政府和相关部门的责任，利用第三方绩效评估、大数据平台进行积分考核等方式以监督促管理。

（二）找准发力点，探索深度融合新路径

积极探索"互联网＋"和农村社会事业有效结合的发力点，绕开短板，培育新产业、新业态和新的商业模式，推动更广范围、更深层次、更高水平的融合方式。通过对地理位置、社会经济发展水平、资源优势、政策规划等因素的数据分析，实现最优配置。鼓励企业开展商业模式的创新，提升企业的盈利能力和盈利水平，如宁夏彭阳县群众通过开通微信公众号缴水费、查看用水情况，把水费收缴率由 60％提高到 98.5％，解决了收费难的问题；延长产业链、提升价值链，如探索"互联网＋"与农村传统文化的深度融合，将互联网技术应用到农村传统文化保护，农业文化遗产的开发中，利用互联网和文化共同为农业农村经济赋能；促进要素流动和市场化竞争，强化科技资源的共享。

（三）加强宣传引导，营造有利的发展环境

在宣传范围上，要实现真正的全覆盖，经济落后区、边疆和偏远地区更要进行宣传，把握重点人群，对接受能力相对较差的中老年群体，要制定适配的宣传方案；在宣传内容上，让农民真正体会到信息化技术带来的便捷性，认识到互联网的重要性，着力普及信息化建设理念，发挥好政府的引导和推动作用；在宣传方式上，结合多媒体、新媒体交互化、可视化的优势，多层次、多渠道、立体化宣传和展示，使其更贴近群众、贴近生活；在宣传机制上，建立常态化宣传机制，政府释放积极信号，凝聚社会共识，增强市场主体信心。

（四）发挥示范带动作用，引领高质量发展

"互联网＋农村社会事业"的应用是一件创新性工程，在很多领域没有范例可寻，不同地区间其发展水平也不平衡，鼓励试点先行是十分必要的。通过开展示范创建活动，进一步探索其发展规律，创新发展机制，优化发展环境。梳理一批与"互联网＋农村社会事业"深度融合创新发展的典型案例，打造一批有影响力的"互联网＋农村社会事业"的典型示范平台，鼓励各类社会主体，通过论坛、交流会、现场观摩等方式参与交流学习，及时复制推广成功经验，引领"互联网＋农村社会事业"的快速发展。

（五）加强统筹协调，激发市场活力

着力突破部门、行业界限和体制性障碍，基于现有的网络基础设施、数据基础、业务模式，加强跨地区跨部门的业务协同能力，推动组织网络、工作制度、技术平台的统筹，建立协同联动机制。建立信息共享机制，促进共建共享的数据互通，明确共享的责任义务、规范共享的程序，将民政、人社、医保、教育等部门的乡村公共信息整合起来，避免重复建设和资源浪费。针对农村社会事业公益属性强、市场回报低、质量评估难、隐形门槛高的特点，落实好纾困惠企政策，为企业发展开辟空间。鼓励全民参与，增强城市对农村的辐射带动作用，调动广大农民群众的积极性和创造性。

（六）强化资源要素保障，夯实基建基础

一方面，人才的信息化能力是激活农业信息化建设内生活力的关键。应全面提高农民信息供给、传输、获取能力，打造一支"互联网＋"现代农业建设队伍，通过与高校等科研单位合作，培育一批大数据人才，实现农村人力资源的储备。另一方面，加快农村互联网建设步伐。持续加强农村地区移动宽带网络的覆盖深度，提高互联网普及率，推进宽带进村到组入户，以补贴等形式促进互联网提速降费，探索 5G 在农村公共事业领域的应用；以农村网民需求为切入点，拓宽网络服务，加快促进大数据、物

联网、AI等新型信息技术与农村的深度融合，将民政、人社、医保、教育等多部门整合起来，探索建立信息共享平台，推广适合农村、方便农民的信息化产品，让农民用得上、用得起、用得好，真正做到补齐信息基建短板，切实缩小城乡之间的"数字鸿沟"。

参 考 文 献

[1] 冯献，李瑾，郭美荣．"互联网＋"背景下农村信息服务模式创新与效果评价［J］. 图书情报知识，2016（6）：4-15．

[2] 高斐．农村社会事业发展合力形成的历史经验——新中国成立初期党的农村公共利益政策与实践［J］. 毛泽东邓小平理论研究，2016（6）：78-85，93．

[3] 聂火云．江西老区农村社会事业现状分析与发展机制研究［J］. 江西社会科学，2009（11）：211-216．

[4] 农业农村部农村社会事业促进司．中国农村社会事业发展报告（2020）［M］. 北京：中国农业出版社，2020．

[5] 冉新义．农村小规模学校"互联网＋同步课堂"教学模式研究［J］. 教育探索，2016（11）：35-39．

[6] 万宝瑞．我国农村又将面临一次重大变革——"互联网＋三农"调研与思考［J］. 农业经济问题，2015，36（8）：4-7．

[7] 王冬梅，翁钢民．"互联网＋"背景下农村地区智慧养老发展的思考［J］. 江苏农业科学，2019，47（15）：76-80．

[8] 谢舜，罗吉．农村公共服务供需均衡中的"互联网＋社会组织"研究［J］. 广西大学学报（哲学社会科学版），2019，41（5）：102-111．

[9] 朱晓莉，王全忠，周宏．"互联网＋"嵌入、专业化服务与农户响应——来自湖南益阳"田田圈"农业服务中心的经验证据［J］. 南京农业大学学报（社会科学版）2016，16（5）：127-136，157-158．